鈴木さんの成功。

会社員から起業した時に待ち受ける「真実」の話をしよう。

星　渉

WATARU HOSHI

マネジメント社

プロローグ

★SCENE 1

閉店間際のスーパー――

昔の同僚、神田進次郎に会う

「よし、今日も値引きのシールが貼られているな」

スーパーの惣菜コーナーで、値引きシールが貼られているのを確認して弁当を買ったサラリーマンの鈴木将吾。29歳独身。自動車販売の営業マン歴7年。

彼女はいない。朝早くから夜遅くまで、お客様のために働き、自宅と職場の往復を繰り返す毎日。疲れ切った体では自炊をする気にもならず、毎日、仕事帰りにスーパーに寄って、閉店間際の値引きシールが貼られた弁当を買って帰るのが日課だ。

「さて、帰るとするか」

そう独り言を言って、自宅近くのスーパーから家に向かって歩きはじめた。

今の仕事に特に大きな不満があるわけでもない。でも、毎日、職場と家の往復でこのままでいいのかな…と思いながらも忙しい毎日に流されていた。

「もう、来年で30かぁ…」

ため息にも近い独り言を発した時、背後で自分のことを呼ぶ声がした。聞き覚えのある声だ。

「あれ、鈴木じゃないか？　久しぶりだな！」

振り返ると、そこには3年前まで同じ職場で働いていた神田進次郎の姿があった。神田は鈴木の3つ年上で、鈴木と住んでいる家も近く、一緒に働いていた時はよくこのスーパーで閉店間際に弁当を買って帰っていた仲だった。

それが、3年前に神田は突然、「自分の好きなことをして生きる」と会社を辞めたのであった。つい最近、鈴木はFacebookで、神田が退職後にコンサルタントとして成功しているのを知っていた。また、神田が教えた個人で活動している人たちが、何人も「0の状態から月収100万円超え」を果たし、月に1回は気ままに旅行に出かけるという自由な暮らしをしていることも知っていた。

Facebook
2015年7月現在での日本のユーザー数は2686万人。すでに日本人の4.7人に1人が利用しているSNSサイト。

そんな神田の活躍を知りつつも、鈴木はどこか別の世界の話だと思っていた。ただ、心の奥底で、鈴木自身もそんな神田のような生活への憧れと、「自分にだってやれるはず！」という思いがくすぶっていた。

「鈴木、久しぶりだな！　元気にしてたか？」

「元気は元気ですけど、見ての通り、相変わらずスーパーで値引き弁当を買って帰る毎日ですよ」

鈴木はそんなセリフしか言えない自分に、どこか今までに感じたことのないかすかなもどかしさを感じた。

「そういえば、よく2人であそこのスーパーで弁当を買って帰ってたな」

「なんか、懐かしいですね。それにしても、神田さんこそ久しぶりですね。すごい活躍じゃないですか！　すっかり成功者って感じですよ！」

「ありがとう。まぁ、今でこそたくさんの人が会社員を辞めて独立したいって相談に来るけど、俺だって大変だったんだぞ。でも、3年前のあの時、好きなことをして自由に生きたいって思って、思い切って会社を辞めてチャレンジをしたからこそ、今があることは間違いないかな。

で、途中いろいろと失敗もしたけど、今は最終的にこうやれば、個人でも好きなことをビジネスにして、月収も100万円を超えることができる、ということもわかったし、1カ月に1回くらいは旅行に行ける自由な時間も創り出すことができるっていうこともわかった。だから、俺と同じような苦労をしなくて済むように、今はそれを教えているんだ」

そう神田は力強く、鈴木の目を見て話した。そして、その神田の話を聞いたことで、鈴木のなかにくすぶっていた〝自分の人生、このままで終わりたくはない〟という思いに火がついたのである。

「神田さん、今度、一緒に食事行かせてくださいよ！　いろいろ話を聞かせて欲しいです！」

「そうだな、久々に飲みにでも行くか！」

これが、鈴木が閉店間際のスーパーで弁当が値引きされるのを待っていた会社員の状態から起業への道を進むきっかけとなるのだった。

この話は、会社員から起業した時に待ち受けている真実を実話に基づいて描いた「起業物語」である。

《登場人物の紹介》

鈴木　将吾　29歳会社員。自動車販売の営業をしている。神田とは3年前まで同じ職場で働いていた先輩後輩の関係。真面目で素直な独身男性。いつか自分で何かしたいと思いながらも、忙しい会社員としての毎日に追われ、気がつけば30歳手前までになってしまっている。

神田進次郎　鈴木の3つ歳上の経営コンサルタント。3年前まで鈴木と同じ職場に勤めていたが、起業して独立。起業をするにあたり、資金も人脈もない会社員の状態から3年間で、予約が取れない経営コンサルタントとなる。会社員から起業する時に待ち受けている真実を誰よりも知っている鈴木のメンター。

本書は、ごく普通の真面目な会社員である鈴木将吾が、メンターである神田進次郎との出会いをきっかけにして、会社員から起業した時に待ち受ける真実に直面し、その壁を乗り越え、成功をつかむまでの起業物語です。

この物語は、実際に会社員から起業した際に起こっている事実を元に構成されています。

たった2時間、あなたは本書を読むということに投資するだけで、起業した時に待ち受けている真実を知るだけでなく、起業して成功するうえで必要なビジネスの基本、戦略、マインドすべてを身につけることができるでしょう。

あなた自身を鈴木さんに置き換えて、会社員から起業した時に待ち受けている真実を乗り越え、成功する体験を味わってください。

もくじ◎鈴木さんの成功。——会社員から起業した時に待ち受ける「真実」の話をしよう。

第1章

鈴木さんは

会社員を辞めようと決意したら、
早速失敗パターンにはまった。

★SCENE 2

広尾の高級鮨店――

会社員を辞めて起業してみたい！

偶然、神田と再会した日から1カ月後。食事の約束を取り付けた鈴木は神田の行きつけの店に招待された。東京・広尾にある高級鮨店で、立派な檜造りのカウンターが特徴的だ。カウンター席は9席しかない。鈴木は雰囲気にのまれていた。

「神田さん、ここのお店っていくらぐらいするんですか？」

鈴木は隣に座る客に聞こえないように神田の耳元で小声でつぶやいた。

「まぁ、そんなことどうでもいいから、飲もうぜ。お前も何か俺と話したいから、こうやって食事に来たんだろ？」

カウンターに横並びに座りながら神田はそう言いつつビールに口をつけた。

「突然なんですけど、僕、会社辞めることにしました！」

神田は鈴木の突然の話にビールを吹きこぼしそうになった。

「本当か⁉　この前会った時は、そんなこと全然言ってなかったじゃないか。

いったいどうしたんだ急に？」

鈴木は、左隣に座る神田のほうに身体を向けて真剣な表情をして話しだした。

「1カ月前に神田さんに偶然お会いして、やっぱり、僕はこのまま会社員じゃ嫌だって思ったんです。だから、僕も神田さんのように好きなことをして生きたい。そして、今よりももっとお金も稼ぎたい。今の会社に何か不満があるわけじゃないけど、会社だっていつどうなるかわからない世の中だし、何より、毎日このままでいいのかな？って思いながらも、忙しい毎日に流されて、ただ年齢ばかり重ねていくのはもう嫌だって思ったんです。一応、自分なりに貯金をして会社を辞める準備もしてはいるんです。だから、会社を辞めることにしました」

鈴木はそう神田に話しながらも、自分自身のなかで何か熱いものがこみ上げてくるのを感じていた。

神田も鈴木の思いのこもった言葉を感じ取ったのか、真剣な表情に変わり、

「会社を辞めるって言ったって、何をするんだ？」

と鈴木に聞いた。

「僕はアスリートや、経営者とか、何か成し遂げようとしている人のメンタルトレーナーになろうと思っています。学生の頃は野球を9年間していてメンタルの

メンタルトレーナー
スポーツやビジネスの分野での高いパフォーマンスを発揮するための心の状態を高めるスポーツ心理学、脳科学などに基づいて鍛えるプロフェッショナル。トップアスリートや、経営者などは専属のトレーナー契約を結ぶこともある。

力って何かを成し遂げるうえで重要だって実感していましたし、心理学とかそういった話が好きなんです。メンタルの力で何か成し遂げようとしている人のサポートができるような仕事ができないかといろいろ調べていたんです」

「それじゃあ、これからメンタルトレーニングの勉強をするのか？」

「じつは、神田さんに会う3カ月前にメンタルトレーニングを学べるスクールを見つけて、もう専門のスクールにも通っているんです。それに、自分自身でもそのメンタルトレーニングを受けているんですけど、やっぱりメンタルトレーニングの力はすごい！って出来事ばかりなんです」

「それはいいことだけど、会社にはもう辞めるということは伝えたのか？」

「はい、もう店長には伝えました。あとは本社の承認を待つだけです。早ければ、来月には退職することになります」

神田はまるで3年前の自分を見ているような気持ちになっていた。神田自身も3年前の今の鈴木と同じ年齢の時に、このままの人生では嫌だ！と思い立って会社を辞めていたのだ。

「それにしても、鈴木のその行動力は相変わらずだな」

神田はそう言うと、真剣に自分の人生を変えようとしている鈴木の意志の固さ

を感じ取ったのか、表情が少し緩み、

「そしたら、今日はひと足早い、鈴木の退職祝いだな！」

と言って、右手に持っていたグラスを鈴木の前に持って行き、乾杯をした。

SCENE 3

ホテルのラウンジ①——

起業して成功するために、いちばん最初に知っておくべきこと

神田と食事をした翌日、鈴木は新宿京王プラザホテルのラウンジに来ていた。

昨日、食事をした際に神田から、

「会社員を辞めて独立をするなら、知っておかないといけないことは山ほどある。まずは今の時点で知っておかないといけないことを教えてやるから、明日10時に新宿の京王プラザホテルのラウンジに来れるか？」

と言われていたのだ。

鈴木がラウンジに着くと、神田はもうすでに待っていた。

「神田さん、こんにちは！　昨日はありがとうございました。また、今日もお時間をいただき、ありがとうございます」

「おう！　まぁ、会社員を卒業した餞《はなむけ》ってとこだな」

そう言うと神田は鈴木を4人掛けのテーブル席に座らせた。

「ところで鈴木。昨日、メンタルトレーナーになりたいって言っていたけど、なんでメンタルトレーナーなんだ？」

「なんでかって言われると、まずは、やっぱり会社員を辞めるんだから、自分が好きなことをしたいと思ったんです。それで、僕は小学生から9年間野球をしていて、なんか野球とかスポーツに関わる仕事がないか探していたんです。そのときに、メンタルトレーニングというものを見つけたのがきっかけです」

「…っていうことは、スポーツ選手のメンタルトレーナーになりたいってことか？」

「最初はそう思ったんですけど、今ってスポーツ選手以外でも、例えば経営者とかサラリーマンとかも自分の目標を達成するためにメンタルトレーナーからトレーニングを受けているらしいんです。それを知ったら、スポーツ選手にするというよりは、何か夢とかに向かってがんばっている人をサポートするようなことができたらいいなと思ったんです」

「メンタルトレーニングね…」

「神田さん知らないんですか？　侮ってたらけっこう驚きますよ。実際、体験で受けてみたら、なんかどんどん実現したいことを達成できてるんですから。会社を辞めるという決断ができたのもメンタルトレーニングのおかげなんです！」

鈴木は会社員の時には見せたことのないような輝いた目で、自分がこれからしていきたいことについて神田に話した。ひと通り鈴木が話し終えると神田からひとつの質問が出た。

「なるほどな、よくわかったよ。じゃ、ひとつ質問な。鈴木の今の目標ってなんだ？」

「それは、もちろんメンタルトトレーナーとして成功することですよ！」

「ＯＫ。やっぱりな」

そうひとこと言うと、神田は笑顔を見せながら話しはじめた。

「メンタルトレーナーとして成功する…じつはな、鈴木。俺のところにも◯◯で成功したいと言って相談に来る人はたくさんいるんだが、**この◯◯で成功する！というのが目標のままだとな、99％成功しないいんだよ**」

鈴木は頭の上に?マークが浮かんでいるかのような表情をしていた。「成功したいと思うと成功しない」ということがまだ理解できていなかった。

神田は続けた。

「いいか、鈴木。お前はメンタルトレーナーとして成功したいんだよな?」

「はい、成功したいです」

「じゃあ、もうひとつ質問するが、世の中に成功したい、成功したい、と思っている人はたくさんいるが、実際に成功している人が少ないのは、なんでだと思う?」

「う〜ん。やっぱり成功することは難しいことだからですか?」

「何が難しいんだろうか?　世の中にはこれだけ成功本や成功哲学が溢れているのに、成功している人は少ない。それでも人は成功したいと思う。でも成功している人は少ない。いったい何が原因だと思う?」

「確かに成功本はたくさんあるし、僕も読んだことはあります。でも、実際に成功している人は少ない…う〜ん、成功したいと思って本とか読んでも行動しないからですか?」

「行動しないというのは最も大きな理由のひとつではある。でも、じつはもっと根本的なところに理由があったりするんだ」

「根本的なところ？」

「そう。行動するかしないかとかではなく、もっとその前に原因がある。なぜ、これだけ多くの人が成功したいと思っているのに成功していないのか？　さらに言えば、行動もできていないのか？」

鈴木は神田の話にすでに釘付けになっていた。

「それはな、みんな『**成功の定義を決めていないから**』なんだよ」

「成功の定義を決めていないから、ですか？」

「そう、成功の定義を決めていないから。成功の定義を決めていないというのはどういうことかというとな…そうだな。鈴木、お前はなんで会社員から独立して起業したいんだっけ？　メンタルトレーナーになりたい理由ではなくて、起業したい理由な…」

「それは、今よりもっと自由になって、好きなことだけをして、もっとお金持ちになりたいからです」

「ＯＫ。もっとお金持ちになりたい。じつは、これが成功している人が少ない理由なんだ」

神田は鈴木の理解に追いつくようにひと呼吸おいた。

「なんで、お金持ちになりたいという理由が起業する理由じゃ成功しないのか？　なぜならな、お金持ちって、いったい月にいくら稼ぐことができたらお金持ちなんだろうか？　月に50万円？　月に100万円？　月に50万円稼ぐのと月に100万円稼ぐのとではやり方も行動量も変わってくる。いったいお金持ちになるってどこを目指しているんだろう？

つまりは、ほとんどの人が自分の目指している場所が明確になっていないということなんだ。お金持ちになりたい！とただ漠然と言っているのは、まるで船で東京湾から出港する時に『東のほうに行くぞ！』と言って航海に出るようなものだ。いざ、太平洋に出たら行き先が決まっていないから、潮に流されて着いた場所は自分が思い描いていた場所（成功）とは違ってた。なんてことにもなりかねんのだよ」

「…そうですね」

「さらに言えば、目的地が明確になっていないということは、『そこにたどり着くために具体的に何をしていいのかわからない』ということでもある。つまりは、多くの人が成功したいとは言うが、『こうなったら成功』という状態を決めていない。だから、何をしていいのかわからない。でも、成功したいから学び続けるという、ある意味、ゴールのないフルマラソンをしているようなもんなんだ。

　極端な話、お前が明日コンビニでメロンパンを買ったら成功！　と成功の定義を明確にすれば、明日コンビニでメロンパンを買うことができたらお前は成功者になるわけだ。**成功の形が明確だから、何をすればいいのかが明確になって行動できるようにもなる**んだよ」

「確かにそうですね！　メロンパンを買うことが成功なら、どこに行って何をすればいいのか明確になります」

「そう、だから、お金持ちになりたい！　というのも、いったいどれくらいのお金持ちになりたいのか？　そうだな、たとえば1年後に自分の好きなことをして月収が50万円になっていたいのか？　月収１００万円になっていたいのか？　得たい金額によって行動も変わってくるってことだ！」

「わかりました！　まずは目標を明確にします」

心得1

鈴木さんが閉店間際のスーパーで値引きを待っていた生活から**月収100万円**になるまでの

目標は、到達したかどうかが判別できる測定可能な形にする！

〈例〉

○　月収100万円になる　結婚している　1年に1回ハワイに行く

×　お金持ちになる　毎日幸せである　海外旅行に行く

★SCENE4

ホテルのラウンジ②——

「目標を立てても成功はしない」ということを知っているか？

神田から「目標は明確にすること」「明確にするというのは、成功と決めた状態に到達したかどうかが判別できる形にすること」ということを教えてもらった鈴木は、早速、その場で自分の成功の定義を決めた。

「神田さん！　そしたら、僕はメンタルトレーナーとして活躍して月収100万円になることを成功とします」

「それなら、ひとまずどこを目指しているのかは明確だな」

そう言うと、やっとスタートラインに立てたなという雰囲気で話を続けた。

「目標を明確にする。これに関しては、すでにできている人もけっこういたりする。特に会社員の経験がある鈴木ならわかると思うが、毎月、目標は明確だよな。売上をいくらあげなきゃならないとかあるしな」

「確かにそうですね（汗）、ノルマは明確にあります…」

「じゃ、ここでもうひとつ質問だ。目標が明確だからって常に達成できてきたか？」

「いいえ。毎月ノルマは明確ですが、達成できない月もありました。でも、そう考えると、神田さん！　それじゃあ、目標を明確にしたからって必ずしも実現できるというわけではないということですか？」

「その通り！《あるもの》が欠けている目標はどんなに明確にしても叶いにくいんだ」

「えーー!!　そうなんですか？　それも早く教えてくださいよ！」

「まぁ待て待て、そう焦るな。じゃあ、ひとつ質問な。今、お前が明確にした『月収100万円』って目標。この目標を口にした時に何をイメージした？」

「いや、特に何も考えずに言ってました」

「そう！《そこに》目標を明確にして、その目標を実現してしまう人と、目標を明確にしたけど、結局は何も変わらない人の差があるんだよ」

「だから、それってなんなんですか！」

「それはな、目標を明確にすることで、その明確にした目標をサラッと実現してしまう人は、必ずその『明確にした目標が実現した時の場面のイメージができている』んだ。例えば、鈴木の目標が月収100万円なら、月収100万円を超えた時に、そのお礼に俺を昨日連れて行ったお鮨屋さんに招待してご馳走しているる！とかな（笑）」

「本当にそうなったらそりゃ〜、ご馳走させていただきますよ！　でも、なんでイメージを創ることが大切なんですか？」

「いろんな理由はあるけど、鈴木が自分の夢や目標を叶えるうえで最も効果的で知っておくべき理由としては、達成した場面をイメージすることができると、達成した時の〝感情〟を体験することができるからなんだ」

「達成した時の感情の体験ですか？」

「そう。鈴木は『**人が行動を起こす源**』になっているものは何か知ってるか？」

「行動を起こす源ですか……」

「例えば、一日中外回りをして、もう疲れきって早く家に帰りたい。でも、そんななか、残業をして次の日の会議の資料を仕上げるという行動。この行動の源はなんだ？　なんで、疲れているのに残業してまで資料を作るんだろう？」

「それはもちろん、資料を仕上げておかないと、次の日の会議で店長に怒られるからですよ！」

「そう、その通りだ！　つまり『怒られたくない』という感情が疲れていても翌日の会議の資料を作ろうという行動を起こしているんだ。月収１００万円と目標を明確にしても、そこに向かって動き出さないと実現することはできないよな。その目標に向かって自分自身を突き動かしてくれるのが〝感情〟なんだ。

　そして、その感情はどうやって創り出せるのかというと、目標に到達した場面のイメージを鮮明に描くことで、その時の感情を体験することができる。目標を明確にする。そこに到達した場面を鮮明にイメージする。達成した時の感情を味わう。これが、成功している人たちの〝本当の目標設定方法〟なんだ」

「神田さん、会社員をしていて、成功した時の感情を味わえ！　だなんて言われたことありませんでしたよ。本当に何も知らないんだなって痛感しています」

「俺のところにもいろんな人が相談に来るけど、知らなければならないことを知らないままで起業している人は本当に多いよ。自分の得たい収入や実現したいことを手に入れている人と、手に入れることができない人の違いって、じつはそんなに大きな違いはないんだ。ちょっとした違いがそこにはあるだけ。その違いは自分がたどり着きたい場所にたどり着く方法を知っているか知らないか。それだけの違いでしかないんだ」

「そうなんですね。でも、何もわからない僕からしたら、どれが自分の目標に続く道かっていうか、それ以前に、どこにそんな道があるのかすらわからないですよ」

そう話すと、神田は次の話をしても大丈夫だなという表情で話を進めた。

心得2

鈴木さんが閉店間際のスーパーで値引きを待っていた生活から月収100万円になるまでの

目標を明確にしたら、その目標を達成した場面をイメージして感情を何度も味わえ！
その感情体験が行動を起こす原動力になる！

★SCENE 5

ホテルのラウンジ③――

あなたは「裸でエベレストに登ろうとしている」ことに気づいていない！

会社員を辞めることを決意した鈴木は、神田の話を聞けば聞くほど、自分が独立して成功するために、あまりにも知らないことが多いことを痛感していた。そして、神田からは、個人で成功している人と成功していない人の違いは、そんなに大差はなく、自分がたどり着きたい場所につながる方法を知っているか、知らないかだけの差であること。そして次に、その道筋を示してくれるメンターがいるかいないかの差であることを教えられた。

「どの道が自分がたどり着きたい成功という場所につながっているかだなんて、普通の人にはわからないですよ」

「そう！　だから、メンターの存在が必要なんだ」

「メンター…ですか？」

メンター
仕事上（または人生）の指導者、助言者。

鈴木は〝メンター〟という言葉を初めて聞いた。

「そうだ。例えば、1カ月後にエベレストに登らないといけなくなったとする。この1カ月、どんな準備をする?」

「エベレストですか⁉　そりゃ、まずはトレーニングをします」

「トレーニングってどんなトレーニングだ?」

「わからないですから、まずは調べます」

「そしたら、Googleで調べて出てきた登山トレーニングをしただけでエベレストにチャレンジするか?　エベレストだぞ!」

「いや、絶対しないです」

「じゃあ、どんなトレーニングをする?」

「まずは、すでにエベレストに登ったことがある人に聞きます」

「そしたら2つ目の質問だ。エベレストに登山する当日、登ったことがある人に聞いたトレーニング方法をやってきたからもう大丈夫!って1人で登るか?」

「いや、絶対に登らないですね。ガイドさんを連れて登ります」

「どんなガイドさんと登る?」

「何度もエベレストに登ったことがあるガイドさんと登ります!」

エベレスト
ヒマラヤ山脈にある世界最高峰の山。標高8850メートル。

「そう、その通り。そして、会社員を辞めて起業をするというのもエベレストに登るのとまったく同じなんだよ。まだ自分がチャレンジしたことのない山に登る。そのためには、その山を登ったことがあるガイドと登ったほうが圧倒的に成功する確率も高いし、生き残る確率も高い。起業をするというのも、エベレストに登るのと同じなんだよ。まだ登ったことのない高みに挑戦する！　それなのに、エベレストに登るときはガイドをつけるのに、起業をするとなるとガイドをつけないで登りはじめてしまう人たちがほとんどなんだ。それでは上手くいくわけがないよな」

「確かにそうですね…。そう考えると僕も雪山に無防備で単身突っ込んでいくところでした――」

「目標は明確にするだけではなく、達成した時のイメージを明確にして感情を十分に味わう。そして、その道を進む覚悟ができたら、メンター、つまりはガイドを見つけろ、ということだ！」

この話を聞いていた鈴木は間髪いれずに神田の目をジッと見て、

「神田さん！　まさか、ここまで話してくれて、僕のガイド役になってくれないなんてことはないですよね。もう僕、会社辞めちゃってますからね！」

神田は、そりゃそうだなという表情で、こう答えた。

「お前が本気ならな！」

「もちろん、本気です！　よろしくお願いします」

こうして、鈴木は神田というメンターを見つけ、いよいよ月収１００万円への道を歩みだすのだった。

心得3
鈴木さんが閉店間際のスーパーで値引きを待っていた生活から月収100万円になるまでの

ガイドになってくれるメンターを見つけよ！

エベレストは一人では登れない。

第2章

鈴木さんは

起業家の収入の低さを知って愕然とした。

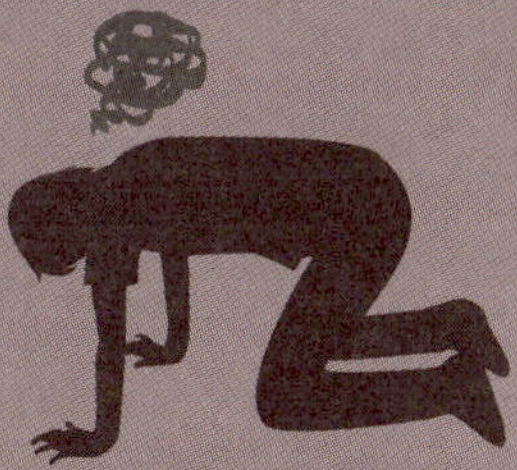

★SCENE 6

高層ビルのオフィス①――

個人で活動する人たちのあまりに無惨な現実を知る

神田のオフィスは東京港区の高層ビルにあった。高い家賃だろうなぁと思いつつドアをノックした。鈴木には、早速、神田から課題が出された。

「いいか、鈴木。**個人で何かをやり始めるなら、まずは現状を知ることが大切だ。**月収100万円を目指すのはいいが、今、日本にどれくらい個人で活動している人がいて、個人で活動している人たちの平均年収がいくらか知っているか？　まずは、それについて調べてみろ」

（現状把握か…。確かに、個人で活動している人って成功している神田さんしか知らなくて浮かれていたけど、実際、他の人たちはどうなんだろう…）

鈴木はオフィスの一画を借り、個人で活動している人たちについて調べていた。

「えっと、Googleで、個人事業主、平均年収、検索っと…」

今まで検索したことのないキーワードで検索すると、見慣れない検索結果が並

Google
検索エンジン、クラウド・コンピューティング、ソフトウェア、オンライン広告といったインターネット関連のサービスと製品を提供するアメリカ合衆国の多国籍企業。

んだ。そのなかから鈴木がたどり着いたのは、中小企業庁が過去に発表した資料がのっているHPだった。

起業して成功することは、そんなに甘いことではないと、なんとなく感じてはいた鈴木だが、3年前までは同じ職場で働き、しかも閉店間際のスーパーで弁当が値引きされるのを一緒に待っていた神田が、今や業界での地位を確立したコンサルタントとなり、1カ月に1回は海外旅行をしたり、高級鮨店の常連になっていた姿を見ていたので、会社員の平均年収よりもさぞいいのだろうと思っていた。その資料を読み始めた。

「え〜っと、個人事業主の平均年収はっと…」

まず見つけたのは、個人事業主の数だった。

「へぇ〜。日本に個人で活動している人って約242万人もいるのか。ってことはライバルが242万人ってこと？　まぁいいや。次は平均年収はっと…?!」

鈴木はそこでまったく予想だにしない数字を見つけた。

「個人事業主の平均年収が……約200万円だって！　月収にしたら16万円程度じゃないか!!」

会社員の平均年収412万円を大きく下回る現実を目の当たりにした鈴木は、

自分がなんて世間知らずだったのかという思いに襲われた。

「やっぱり会社員を辞めて好きなことをして、月収100万円になるんだなんて、夢のまた夢なのか…」

鈴木は、すでに本社からも退職の承認がされ、あと2週間もすれば会社を退職することが決まっていた。

「どうした？　そんな浮かない顔をして」

神田がいつものように、毎日楽しいことしかしていないというのが雰囲気からもわかる空気をまとって話しかけてきた。

「どうしたって、なんか急に現実を押し付けられた気分ですよ」

「おっ！　ということは、自分がこれから飛び込もうとしている世界の〝現状〟に気がついたということだな」

「気がついたどころか、意気消沈しそうです。まさか、個人事業主の平均年収が200万円だなんて。今の会社員の給料よりも低いですよ。なんか、夢見ていました」

「それじゃあ、起業して月収100万円になるという目標は諦めるのか？」

「いや、それは諦めませんよ。確かに現実は知りましたけど、神田さんといればできそうな気がしますから…」

「おっ！　それはいい気づきだな。もし、ここで鈴木にガイド役がいなかったら、ここで諦めていたかもしれないな。でも、すでに自分が到達したいと思っている人が目の前にいる。だから、少々の困難が訪れても乗り越えることができるんだ。だから、ガイド役となってくれるメンターの存在は必要なんだ」

「本当にその通りですね。自分ひとりだったら、間違いなく諦めていたか、現状を知り、結局は何も行動できなかったと思います」

「そうだな。じゃあ、現状を知ったうえで、鈴木に希望も見せてやろう！」

そう神田が笑顔を見せて、鈴木が使っていたパソコンでＧｏｏｇｌｅを開き、話しはじめた。

心得4

鈴木さんが閉店間際のスーパーで値引きを待っていた生活から月収100万円になるまでの

スタートする前に現状を把握せよ！

SCENE 7

高層ビルのオフィス②――

会社員から成功する人は情報の集め方が全く違う！

神田が、さっきまで鈴木が使っていたパソコンで何やら検索を始めた。そこには個人で活動している起業家のページが開かれていた。

「確かに個人事業主の平均年収は200万円だが、こんな人たちもいるのを知っているか？　例えば、お前と同じ名字の鈴木でも、OLから退職してコーチングというコミュニケーションスキルを活かして活躍している人がいる。鈴木実歩さんという方で、退職後、3カ月で月収100万円となって、1年後には月商700万円を超える『未来シフトコーチング』を展開しているんだ」

神田はそう言うと、「未来シフトコーチング」でGoogleを検索して見せてくれた。神田の話は続く。

「さらに、外資系金融機関に9年間勤めて退職後、『美人体調整師』として自宅でサロンを開業し、活動を始めてわずか4カ月で月収100万円を超えているは

実在する起業家たち
未来シフトコーチング鈴木実歩さん、美人体調整師はらりこさん、スイーツプロフェッサー川路さとみさんは全員実在の起業家である。

らりこさんという起業家もいるし、千葉県鎌ケ谷市には、生徒０人という状態から人気のお菓子教室となった『スウィーツプロフェッサー』の川路さとみさんという起業家がいて、今では地元の教室まで、東京はもちろんのこと富山や福岡、さらには台湾からも足を運んでくれる。彼女たちはみんな月収１００万円を完全〝０〟の状態から超えているんだ」

そう言いながら、神田は次々と個人で活動している起業家の実例を見せてくれた。さっきまで意気消沈していた鈴木はまるで希望の光を見つけたかのように、それぞれの起業家のページを食い入るように見ていた。

神田がさらに、まるで自分のことのように自慢して話を続けようとすると、鈴木がそれを遮るように言った。

「神田さん、わかりました、もう、わかりましたよ！　僕が言っている０の状態から起業独立して月収１００万円になるのは、けっして不可能なことではないってことを言いたいわけですよね？」

「その通り！」

「でも、その人たちってやっぱり特別な人だからそうなれたんじゃないんですか？　もともと、すごく優秀だったとか…」

「確かに特別かもしれない。でも特別だったのは、優秀かどうかというより、『自分はこんな人になりたい！』とか、**『自分はこんなことを実現したい！』という思いが特に強かった**ということだ。スタートの時を振り返ると、起業、独立して何かを始めるという点での知識は今のお前となんら変わらないよ」

「思いが強かったということは、前に神田さんが言っていた、目標を明確にして、達成した時のイメージを創り、感情を味わうってことに近いですか？」

「そう！　やっぱり上手くいっている人は、やっていることが共通しているんだ。**『上手くいく努力の仕方』をしているから、上手くいく。**裏を返せば、**上手くいかない人は、上手くいかない方法でがんばってしまっている**んだよ」

「ということは、僕も上手くいく人たちがしている努力の仕方を知ればいいというわけですね！」

「その通り！　じゃあ、ここでひとつ質問だ。その上手くいっている人たちがしていることを知るためにはどうすればいいと思う？」

「う〜ん、まずはその人たちが何をしているのか情報を集めます」

「ＯＫ！　じゃあ、どうやって情報を集めるんだ？」

「そうですね。インターネットで調べたり、本を探してみたり…ですかね」

「それがな、インターネットで調べたり本を探すということをしてしまうと、平均年収200万円の人たちとまったく同じ道を歩んでしまうんだよ」

「えっ、どこがいけないんですか？　神田さんだって現状を知れ、つまりは情報集めをしろってことを言っていたじゃないですか！」

「鈴木、『**本当の情報**』収集って知っているか？」

「本当の情報収集ですか？」

「そう、本当の情報収集だ」

「本当の情報収集ってなんですか？　インターネットで調べるのと何が違うんですか？」

「いいか。ほとんどの多くの人たちは、情報収集っていうと、鈴木が言ったように、インターネットや本を探したりする。でも、お前が0から何かをして短期間で月収100万円になりたいのなら、その情報収集の仕方ではダメだ。

なぜならな、**本当に集めるべき情報とは、インターネットや本に書いてあったことを実行してみて、その結果、上手くいったのか、いかなかったのか、ということなんだ。**

つまり、実際に書かれていたことを実行してみてどうだったかということ。書いてあった通りやってみたら、この部分で上手くいかなかったということや、この部分をこう変えるとさらに上手くいくという情報のこと。これが本当の情報だ。本当の情報はすでに実践済みの方法だから、もし鈴木がそのやり方、手順、改善点を自分が行動する前に知ることができれば、行動した時はどうなる？」

「上手くいく確率がとても高くなります！」

「その通り。**個人で何かをしようとした場合、大きな弱点のひとつが、この本当の情報が圧倒的に足りないということ**なんだ。

大きな企業の場合、例えば、福岡支店の営業が、ある企業に対してこんなフォーマットの提案書で契約をこう見直して提案したら、とても喜ばれた！　ということがあれば、それはすぐに社内で共有される。そうすると、それを見た札幌支店の営業が、うちにもまったく同じ業種の取引先があるから提案してみよう！　となり、提案してみると、『**すでに結果が出ているやり方だから、上手くいく確率がとても高い**』となるわけだ。

ただ、個人で活動していると、自分ひとりで動いているから、この本当の情報が入ってくる量が圧倒的に少ない。本当の情報が少ないと、結果が出せる確率も低くなる。だから、本当の情報を得ることができる環境に自分自身を置くことは、月収１００万円を短期間で超える起業家となるうえで絶対に欠かせないことなんだ。

さっき紹介した鈴木実歩さんや、はらりこさん、川路さとみさんも、起業当初に本当の情報を得ることができる環境にやっぱり身を置いていたんだ」

「そうなんですね。でも、そんな場所ってどこにあるんですか？」

「鈴木、明日の昼って時間とれるか？」

「はい、とれますけど、なんでですか？」

「ちょうど明日、俺が起業やビジネスを教えている起業家の人たちが集まる勉強会があるから来てみないか？　そこには本当の情報しかないぞ！」

「えっ、いいですか、ぜひお願いします！」

「よし、それじゃあ、明日13時にまたここのオフィスに来てくれ！」

「ありがとうございます！」

こうして鈴木は、０から月収１００万円を超えた個人で活躍する人たちと同じ成功の道を歩きはじめたのである。

鈴木さんが閉店間際のスーパーで値引きを待っていた生活から**月収100万円**になるまでの

心得5

集めるべきは、インターネットやセミナー、
本で書かれていることを実践してどうだったかという
「本当の情報」である。
本当の情報を知ることができる環境に身を置け。

鈴木さんが閉店間際のスーパーで値引きを待っていた生活から**月収100万円**になるまでの

心得6

結果が出ない方法で努力をしても結果は出ない。
努力は間違った方法で行うと嘘をつく時もある。

第3章

鈴木さんは ビジネスの創り方を 0から学びはじめた。

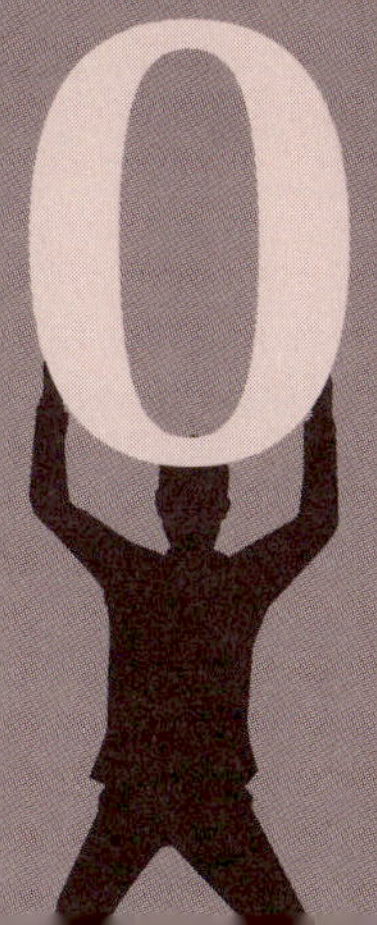

★SCENE8

セミナールーム《勉強会》①――

ビジネスを創るのは遊園地を創るのと同じ？

鈴木は翌日も神田のオフィスを訪れた。オフィスは高層ビルの28階にあり、セミナールームも完備している。最大で120人は入れるセミナールームは白を基調としていて、大きな窓からは遠くに富士山も見える。会場にはすでに100人近くの人が集まっていた。

今日は、《USP Marketing Laboratory》という、神田が主宰する会員制の勉強会の日だった。

「この人たち、みんな神田さんの話を聞きに来ているのか⁉」

鈴木は改めて、3年前まで同僚だった神田の状況の変化に驚いていた。

「おっ、来たな」

鈴木の後ろから神田が話しかけてきた。

「神田さん、すごいですね、この人の数！」

「そうだな。最初は俺も10人集めるのに苦労したけど、今となってはこれだけ多くの人が話を聞きに来てくれるから本当に嬉しいよ。今日は特に半分以上の人が初めて参加する人たちだから、話の内容はこれからスタートする鈴木にもぴったりの内容だ。しっかりと自分のものにするんだぞ！」

そう言って神田は、会場の前方に向かって歩いて行った。

「みなさん、こんにちは！」

神田が壇上から話しはじめた。ヘッドマイクを付け、右手にホワイトボードに書くための黒いマーカーペンを握っている。

「今日は、これから起業をする人や、まだ起業したばかりの人が多いので、個人で活動していて月収が100万円超えている人と、せっかく決断をして起業したにもかかわらず会社員の時のお給料のほうが高かったな…となってしまっている人の違いをいくつか話していきますね」

鈴木からすると、まるで神田が自分のために今日の題材を選んでくれたかのようなイントロだった。

「個人で活動する多くの人たちの年収がなぜ200万円未満なのか？　それは個人で独立した時のビジネスの組み立て方に問題があります」

そう話しながら、神田はホワイドボードにひとつの円を描いた。

「個人でビジネスをするというのは、テーマパークを創るようなものです。料理教室をする人は、料理というテーマパーク。心理カウンセラーの人は、心理カウンセリングというテーマパーク。税理士の人は税務というテーマパーク。メンタルトレーナーの人はメンタルトレーニングというテーマパークを創るようなものなんですね」

神田が鈴木のことを気遣ってか、あえて具体例にメンタルトレーニングをあげてくれた。

「そして、このテーマパークを創りはじめる時に、まずどんなことを考えるでしょうか？　どこから創りはじめるでしょうか？　ほとんどの人は、テーマパークの中にどんなジェットコースターを設置しようかなとか、どんなお化け屋敷にしようかなといった感じで遊園地の中身をまず考える。そして自分が最高に惚れ込んだアトラクションを詰め込んだテーマパークをオープンするわけです」

ここで神田は一呼吸置き、参加者の注目をあえて集めた。

「だけど、オープンしてみると思っていたほど人が来ない。そこで何をするかというと、お客様がもっと来てくれるように、２台目のジェットコースターを入れてみようとか、新しいアトラクションを増やしてみようと、中身をいじるんですね。つまり、これをビジネスに置き換えて言うと、メニューを増やしたりするわけです」

実際、やたらメニューが多いお店ってあるな…と鈴木は自分自身の居酒屋での経験を蘇らせていた。

「でも、じつはお客様が来ないのはテーマパークの中身が魅力的じゃないからというわけではないんです。どんなに魅力的な中身のテーマパークだったとしても、そのテーマパークが森の奥深くにあって、一般の人たちが住んでいる所からその存在が見えていなかったら、お客様は来ません。一般の人に知られていない。個人で活動している人たちのほとんどがそんな状態なんです。

さらに、お客様から見えていたとしても、お客様がいる場所からテーマパークに行こうとした時に、間に大きな川が流れていてテーマパークにたどり着けない。だから、その川を渡る橋がないと、お客様はあなたのテーマパークにたどり着くことができない。

そう、**まずやるべきことは、テーマパークの中身を見直すだけではなく、お客様があなたのテーマパークにたどり着く道を創ってあげること。**あなたの商品やサービスに、お客様が迷わず、悩まず、考えずにズバッ！とたどり着ける道を創ってあげることが必要なんです。ところが、個人で活動している人たちの99％がこの道を持っていない。

みなさんは東京ディズニーランドに行ったことがありますか？　ディズニーランドに行ったことがあるという方？」

神田は熱心にメモを取りながら、参加者を見渡し、呼びかけた。多くの人が手を挙げるなか、ひとりの女性に神田は尋ねた。

「あなたはディズニーランドに行った時に何で行きましたか？」

セミナー会場の前方に座っていた30代くらいの女性が元気よく答えた。

「電車で行きました」

「電車でディズニーランドの最寄駅である舞浜駅に降りてから、ディズニーランドに行くまでに迷いましたか？」

「いいえ、迷いませんでした。ディズニーランドまでは駅から一本道だったので迷いようがありません」

「その通りです！　それくらい、お客様があなたのメインとする商品やサービスまでスムーズに迷うことなくたどり着けるような道を持っていなければいけないのです。そして、その道を創ることができるようになりさえすれば、お客様が来るどころか、お客様の流れをコントロールすることができるようになる。お客様の流れをコントロールすることができるということは、売上＝収入もコントロールすることができるようになるんです。

そして、個人で活動して、月収が100万円を超え、1カ月に1度は海外を旅行するような時間の自由を手にしている人は、必ずと言っていいほど、このお客様の流れをコントロールする道を持っています。それが、この『顧客動線』です」

神田は100名を超える参加者全員に見えるように、ホワイドボードに「顧客動線」という文字を書いた。顧客動線――鈴木にとっては生まれて初めて聞いた言葉だった。

心得7
鈴木さんが閉店間際のスーパーで値引きを待っていた生活から月収100万円になるまでの

会社員から個人で起業・独立するのは、テーマパークを創るようなものである。

心得8

鈴木さんが
閉店間際のスーパーで
値引きを待っていた生活から
月収100万円になるまでの

お客様が自分のテーマパークに来るまでの道が整っていないから、お客様の流れが安定しない。

★SCENE9

セミナールーム《勉強会》②——

会社員から起業した成功者だけが知っている「コキャクドウセン」って何?

神田がホワイトボードを使って説明を続けると、参加者はいよいよ本題が始まったと感じ、神田に熱い眼差しを送った。

「コキャクドウセン…一般的には、動線の「ドウ」という字はこっちですね」

そう言いつつ、ホワイドボードに「導」という文字を書いた。

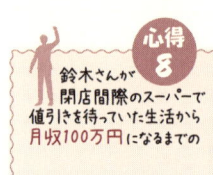

「ただ、私は顧客動線においては、こっちの字を使っています」

先ほど書いた「導」の字を赤のマーカで×をつけ、「動」に赤丸をした。

「導という字を使うと、お客様に対して、こっちにおいで！と誘導する感じがするので。どうせビジネスをやるなら、『えっ、神田さん、何を始めたんですか！私にも教えてください！』とお客様のほうから動いて近づいてきてくれたらとっても嬉しいじゃないですか。だから、顧客『動』線なんです。じゃあ、その顧客動線がどんな形をしているのかというと…」

神田は話しながら、もう何回も書き慣れているかのように、スムーズに大きな逆三角形をホワイトボードに描いた。そして、その逆三角形を4本の直線で区切った。

「顧客動線がどんな形をしているかというと、この通り逆三角形。上からお客様がこの三角形に流れて入ってくるのをイメージしてください。逆三角形なので、どこからお客様がこの三角形に入ってきたとしても最終的にはいちばん下の部分にたどり着きますね。なので、ここにあなたが最もお客様に提供したい商品やサービスを置いておくんです。これを『本

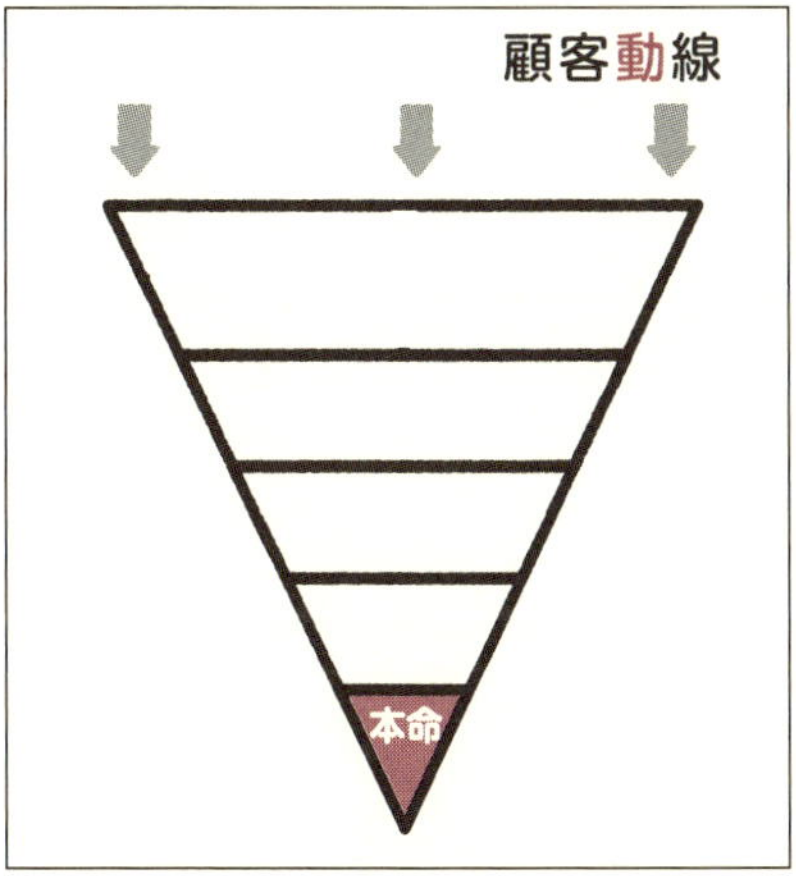

命商品』と言います。ちなみに、みなさんが提供したい商品やサービスってどんなものがありますか？」

神田は参加者に向かって問いかけた。すると参加者から、こんな声が聞こえた。

「本命商品はいくつもあってもいいんでしょうか？」

神田は、この手の質問には何回も答えて解決してきているといった余裕のある態度で話を続けた。

「まずは**本命商品はひとつです**。なぜかというと、例えば、マッサージサロンに行ったとしましょう。そこには、60分基本コースがあり、120分スペシャルコースもあり、150分プラチナスペシャルコースがあったとします。この瞬間にお客様はどう思うでしょうか？」

すると、質問をした参加者はこう答えた。

「きっと、どれがいいのか迷うと思います」

「その通り。そして、お客様は一瞬でも迷うと、こう思ってしまいます。『う〜ん、またの機会でいっか！』と。そして、あなたのところに戻ってくることは二度とないでしょう。なので、本命商品はまずはひとつです。本命商品を複数持つやり方もありますが、ひとつにしてスタートするのがいちばん成功する確率が高いですね。**お客様に選択肢を与えると、結局、お客様は迷ってしまいますから。**

想像してみてください。あなたがレストランに行った時に、店員さんから、『うちのお店はイタリアンもしていますしフレンチもあります。カレーもありますしラーメンもやってます。さらに中華もやっていて和食の定食もやっていて、ケーキもあります』と言われたらどうでしょうか？」

鈴木はそんなお店あるわけないじゃないか…と思いながらも、まったく美味しそうには感じないな、と思った。

「その一方で、こんなお店があったらどう感じますか？　うちはトマトを8時間じっくり煮込んだソースを使ったこだわり抜いたミートソースパスタ一品しかありません！」

会場の参加者から、「美味しそう～」という言葉が漏れた。

「私たちは大企業ではありません。個人で活動するのであれば、個人で勝てる戦略を知らなければなりません。そのひとつが顧客動線を持つことであり、顧客動線の最終着地点ともいえる本命商品の考え方についてもお伝えしました。…と、ここでキリがいいので、いったん休憩にしますね」

会場は拍手に包まれ、10分間の休憩に入った。

鈴木はたった1時間ほどの時間だったが、神田の話を聞いたことで、すでに0から月収100万円になっている人たちが実践した「本当の情報」を手にすることができる環境にいれば、自分が掲げた「好きなことをして月収100万円になる！」という目標は、そんなに難しいことではないというような気持ちになっていた。

心得9
鈴木さんが閉店間際のスーパーで値引きを待っていた生活から月収100万円になるまでの

ビジネスを始める時に必要なのは、アトラクション（メニュー）だけではなく、遊園地（あなた）までにたどり着く道（顧客動線）である。

心得10
鈴木さんが閉店間際のスーパーで値引きを待っていた生活から月収100万円になるまでの

お客様を迷わせないように、本命商品はひとつにすべし。

第4章

鈴木さんは

実績がなくても
お客様が集まる仕組みを知った。

SCENE 10

セミナールーム《勉強会》③――

ビジネスとは「お客様の問題解決」である

「それでは、続きの話をしたいと思います」

神田の声がマイクを通してセミナー会場に響いた。参加者は、この時点で神田の話に夢中になっていて、一言も聞き逃すものかとメモの準備を始めた。

「さっきまではお客様の流れをコントロールする『顧客動線』が大切であるということ、そして『本命商品はまずはひとつにする』ということを話しましたね。本命商品の内容については、みなさんがやっているビジネスによって内容は異なるので、ここではみなさんが提供するサービスや商品の創り方の話はしません。ただ基本的には、本命商品は、お客様の抱えている問題を根本から解決できるものである必要があります。

それでは、ここでみなさんにひとつ質問をしたいと思います。今日、ここに来ている人たちは、起業したい、もしくはもう起業しているという人たちだと思います。つまりは、ビジネスをしていこう、しているという人たちですね。

そんなみなさんに質問です。『ビジネスとは、なんですか？』と聞かれたら、あなたはなんと答えますか？　あなたの考えを教えてください！」

そう言うと、神田は壇上から降りて参加者の席を歩き回り、それぞれに答えを聞いて回った。

「はい、ビジネスとは？　と聞かれたら、あなたはなんて答えますか？」

神田が参加者にマイクを向けて歩き回る。

『ビジネスとは、なんですか？』——

「お金を稼ぐことです」

「自己実現です」

「お客様の笑顔を増やすことです」

「社会貢献です」

「価値があるものを提供してお金をもらうことです」……等々

いろんな答えが出てきた。一通り聞き終わると神田は壇上に戻った。

「みなさん、自分の答えを持っていて素晴らしいですね。**重要なのは、その今の答えを24時間365日考えているか？**　ということです。私たちはビジネスをしているにもかかわらず、ほとんどの人が『ビジネスとはこういうものである』という定義を明確にせずにビジネスを進めてしまっています。つまり、ビジネスをやる目的地が明確になっていない。これは、目的地を決めずに東京湾から太平洋に船旅に出るようなもの。目的地が明確になっていなかったら、潮に流されてしまい、自分がたどり着いたらいいなと思っていたところになんてたどり着けません」

これは神田が以前、自分に言った「目標は明確にしないといけない」という話だな…鈴木は再度、納得した。

「一方、例えばハワイに行く！　と目的地を明確にしていたら、たとえ潮に流されたとしても航路を修正することができます。つまりは、ビジネスとはこういうものだという定義を持つということは、みなさんがビジネスを進めるうえで、自分が理想とする目的地にたどり着けるかどうかという意味でも、とても大切なのです。おそらく、今日、私が『ビジネスとはなんですか？』と聞いて、初めて考えたという人がほとんどだと思います。大切なことはこれを忘れないということです。航海する時だって、出港の時に目的地にコンパスを合わせたからといって、あとは航路からずれていないか確認はしないなんてことはないですからね！」

鈴木は神田の話から、すでに０から月収１００万円になった人たちが歩んできた道、考え方を知ることで、だんだんと自分もその道を進んでいるんだという実感が湧いてきていた。そして、「ビジネスとは？」という問いをされる立場になっていることで、だんだんと自分がもう会社員を辞めて個人で活動する起業家であるという感覚に変わってきているようにも感じていた。

鈴木さんが閉店間際のスーパーで値引きを待っていた生活から月収100万円になるまでの 心得11

ビジネスの定義を明確にするから会社員からでも成功できる。

★SCENE 11

お客様を糠《ぬか》よろこびさせるニワカ起業家になるな！

セミナールーム《勉強会》④──

「自分はもう会社員ではない。個人で活動する起業家の道を歩んでいるんだ！」

鈴木にこんな感覚が生まれつつあるなか、さらに神田は話を続けた。

「ところで、私はみなさんもご承知の通り、これまで多くの個人で活動する起業家の方のコンサルティングやプロデュース、販売戦略を考えてきました。個人で活動している人のプロデュースは多業種に渡り、これまでプロデュースした業界の例を出せば、税理士、弁護士、社会保険労務士、美容サロン経営者、自宅サロン経営者、ファッションスタイリスト、コンサルタント、セミナー講師、マナー講師、心理カウンセラー、コーチ、料理教室の先生、お菓子教室の先生、フラワーサロンの先生などなど、数え上げたらきりがありません。

では、なぜ、こんなにも多種多様なビジネスを私が教えることができるのか？

それは、三角形の面積を出すために「底辺×高さ÷2」という公式があるように、

個人のビジネスの構築の仕方にも公式があるからなんです。「底辺×高さ÷2」さえ知っていれば、どんな形の三角形が出てきても答えを出すことができるように、私は個人がビジネスを構築するうえでの「底辺×高さ÷2」のような公式を知っているんです。ビジネスの違い、業種の違いは、私からしたら大きさの違う三角形のようにしか見えないんです。だから、いろんな業種のコンサルティングやプロデュースができるんですね。

では、そういった観点から、私が『ビジネスとは?』と聞かれたらなんと答えるか?　そして、これまで私が教えてきて『0の状態から個人で月収100万円になった人たちに何と教えてきたのか?』ということをお伝えしますね」

会場の参加者は、この後に神田が口にすることがとても重要であるということを感じ取っていた。

「私が『ビジネスとは何か?』ということに何と答えてきたかというと、それは、**『ビジネスとはお客様の問題解決である!』**ということです。お客様の問題を解決することができるからお金を稼ぐことができるし、お客様の問題を解決して豊かになるから自己実現もできる。お客様の問題を解決するからお客様の笑顔も増えるし、お客様の問題を解決するから世の中の役に立つんです。

そう、**ビジネスの本質は『お客様の問題解決』なのです**」

とてもシンプルだが、腑に落ちる言葉だった。鈴木は神田の話はいつもシンプルでわかりやすいと実感していた。きっと、この話し方にも、神田が誰よりも会社員から個人起業家として月収100万円にする成功確率がもっとも高いと言われている秘密があるのかもしれないと感じていた。

神田の話は続く。

「ビジネスの本質を捉えたところで、話を元に戻します。今、なんの話をしていたのかというと、『**本命商品**』の内容の考え方の話をしていました。本命商品の内容の決め方を考えるうえで、『ビジネスとは何か？』ということを捉えることが大切だったんですね。

それで、なぜ本命商品の内容を考えるうえで、ビジネスの本質を捉えることが必要なのか？　それは、ビジネスとはお客様の問題解決である、からなんです。であるならば、私たちは本命商品でお客様の問題を解決しなければなりません。

そう、**本命商品は根本からお客様の問題を解決するものじゃなければならない**のです。例えば、あなたがメンタルトレーナーだとしましょう。あなたのメンタルトレーニングを1回60分受けただけで、相談に来られたクライアントさんの問題は根本から解決されて、未来永劫もう問題が発生することはないでしょうか？　では、そこの紺のジャケットに白いパンツを履いている男性の方、どうでしょうか？」

神田が壇上から鈴木に質問を投げかけた。

「いえ、難しいと思います」

突然のことでびっくりしたが、大きな声で返答した。

「そうですよね。『お客様の問題を解決する』という観点からすると、継続してトレーニングを受けないとお客様の問題を根本から解決することは難しい。であるならば、本命商品はお客様の問題を解決するという観点で創ると、継続的にサービスを受ける形のものである必要があり、そうなると価格も10万円～20万円、業種と実績によってはさらにそれ以上の価格になるのです。そこで、仮にあなたがメンタルトレーナーであり、お客様の問題を根本から解決するには、3カ月の継続したトレーニングがお客様に必要だったとしましょう。本命商品3カ月の継続契約。1カ月に2回の個別のメンタルトレーニングをして20万円という本命商品を創った場合、月にたった5人、新しいお客様を見つけるだけで、はい！20万円×5は？」

神田は、最前列にいるセミナーの冒頭からいちばん熱心に聞いている男性に答えを求めた。

「１００万円です！」

男性が答えると、神田は話を続けた。

「そう、これだけで、まずは月商は１００万円を超えるんですね」

鈴木はこの時、完全に「その気」になっていた。今となっては会場の誰よりも神田の話に前のめりになっているのを自覚していた。

「ここまでが『顧客動線の本命商品の部分』についての話です。大丈夫ですか？」

そう言いながら、神田はホワイトボードに書かれた逆三角形の顧客動線のいちばん下の部分を指し示した。

心得12

鈴木さんが閉店間際のスーパーで値引きを待っていた生活から月収100万円になるまでの

ビジネスとは、お客様の問題解決である。本命商品とは、お客様の問題を根本から解決する継続性のある商品である。

★SCENE 12

セミナールーム《勉強会》⑤――

〝お客様を満足させる〟ということの本当の意味を考える

神田は、顧客動線やビジネスの定義、そして、本命商品は継続性のある内容で創るということに関して、参加者の理解が深まったことを確認して、次の話に進んだ。

「ここで、みなさんに質問があります！」

参加者全員が、まるで自分ひとりに向けて聞かれているかのように神田の言葉に注意深く耳を傾けた。

「さきほど、本命商品の例として、20万円の3カ月のメンタルトレーニングの継続契約をあげました。ちょっと想像してもらいたいのですが、今日初めて会った人に『僕のメンタルトレーニング、3カ月で20万円なんだ、受けて！』と言われて、あなたは20万円のメンタルトレーニングに申し込みますか？　申し込むって人は手を挙げてください」

参加者は鈴木を含めて誰一人として手を挙げなかった。

「…ですよね。今日初めて会った人に、いきなり20万円のメンタルトレーニングを受けてくれって言われても、申し込む人なんてほとんどいません。これって、例えて言うなら、**今日初めて会った人に、『結婚してください！』ってプロポーズを迫るのと同じようなもんなんです。**今日は会場にも多くの女性の起業家の方が来ていますが、女性のみなさん、どうですか？　今日、初めて会った男性にプロポーズされて結婚する！　という方、いますか？」

女性参加者の笑い声が漏れた。

「よっぽどその人が、福山雅治さんや向井理さんのようなイケメンじゃない限り、上手くいくわけなんてありません。でもね、多くの個人で活動している人たちが、そこらじゅうで今日初めて会った人にプロポーズしているんですよ。『本命商品に入ってくれ！』って（笑）。ブログやFacebookを見ていたらわかると思います。さっき言った通り、福山雅治さんや向井理さんのように、すでにめちゃくちゃ人気があってお客様が常にキャンセル待ちのような状態だったら、『本命商品に入ってくれ！』と言われれば入ってくれる人はいますが、ほとんどの人はそんな状況ではありません。初対面でプロポーズはしてはいけないのです。じゃあ、どうしたらよいのかというと、プロポーズをするなら、まずは『お試し期間』『お付き合い期間』がないとダメ！　ということなんです」

神田はそう言いつつ、右手に持った黒のマーカーペンで、ホワイトボードに書かれた逆三角形の顧客動線の下から2番目のエリアを指し示した。

「本命の前には『**お試し期間**』が必要。なので、さっきのメンタルトレーニングの3カ月の例で言うなら、本命商品の前に、『**個別体験**』を準備します」

神田はそう言うと、さきほどまで示していた顧客動線の下から2番目のエリアに「個別体験」と書き加えた。

「ただし、ですね。この個別体験というは、すでにやっている人はたくさんいます。たくさんいるのに、本命商品につながって収入に結びついていない人がほとんどなんです。なぜだと思いますか？」

鈴木自身、メンタルトレーニングのスクールに通っていた時に、トレーナーの先輩が体験での個別トレーニングを受け付けていたのを思い出した。しかし、その先輩はお世辞にも月収が100万円もあるようには見えなかっ

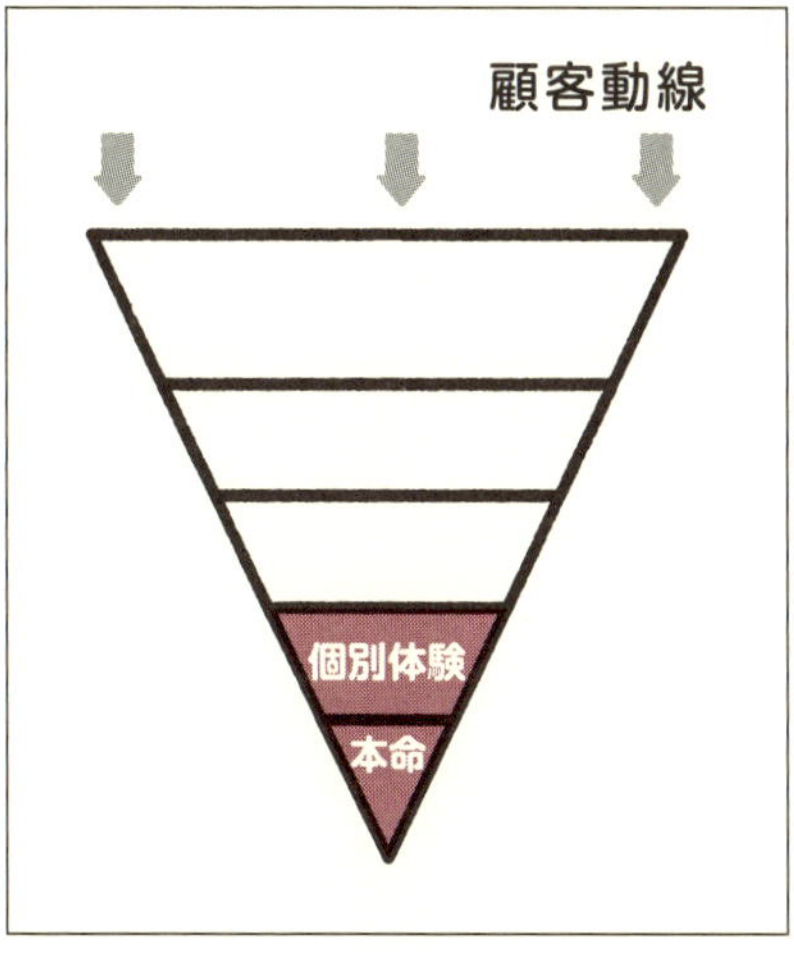

個別体験
メインとする継続して通う講座に申し込む前に、体験で1対1のサービスを受けてみること。

た。

「なぜ、個別体験をやっているほとんどの人が本命商品に結びつけることができないでいるのか？　それは、**90％以上の人が個別体験でいちばんやってはいけないことをしてしまっている**からなんです。

それではみなさんに質問します。もし、あなたがお客様候補の方に個別の体験をするとなった時に、本命商品につながるように満足してもらうために、どんなことを意識して個別の体験を提供しますか？」

この時、鈴木は神田の質問の意図がよくわからなかった。なぜなら、個別体験とは、まずは自分のサービスを体験してもらって満足してもらい、これだったら継続して受け続けたいと思ってもらえるから、お客様は本命商品を購入してくれるのだ。これ以外に、個別体験の役割はないと思っていたからだ。

案の定、神田が参加者に答えを聞くと、「お客様に120％満足してもらうことを意識します」と、お客様にこの商品、サービスは素晴らしいものなんだと実感してもらうことを意識する、という答えがほとんどだった。

神田はだいたい予想通りだなといった表情で話しはじめた。

「じつは、この個別体験で最もやってはいけないことがあります。それをやってしまうと、どんなに良い商品、サービスでも売上が落ちてしまうんです。個別体験で絶対にやってはいけないこと。それは、『**お客様を満足させること**』なんです」

神田がそう言い切ると、参加者からざわめきが起きた。

「**個別体験で、お客様を絶対に満足させてはいけません。**なぜでしょうか？」

神田がまだざわめいている参加者に向けて問いかけた。

「個別体験でお客様を満足させてしまうと、お客様はこう言います。『まずは自分でやってみます』とか、『必要になった時にまた来ます』と。お客様を個別体験で満足させてしまうと、まるで自分のそれまで抱えていた問題が解決したと錯覚して本命商品に進まなくなるのです。**単に、一時的によくなっただけで、根本的な解決は何もされていない**というのに…」

これを聞いて、鈴木は以前、メンタルトレーニングスクールの先輩が「体験は受けてくれるんだけど、なかなか継続契約を結んでくれないんだよな。継続してやらないとまた元に戻っちゃうのに…」と言っていたことを思い出していた。

神田の本質をついた話は続く。

「私たちの目的は、お客様の問題を解決することです。さきほども話した通り、たった1回、みなさんのサービスを受けたからといって、未来永劫、根本的にお客様の問題が解決することはありえません。それを知っているのに、たった一度の体験でお客様を満足させて、さも問題が解決したかと錯覚させてしまうのは、ある意味、私は専門家としては罪に値するとさえ思っています。

私たちが常に考えなければならないのは、お客様の問題を解決してあげることです。そのための最高の解決策を本命商品として準備しているのですから、個別体験はお客様を満足させるのではなく、お客様が『本命商品に進みたくなる』モノでなければいけません。そのためには、まず『**お客様が満足したから、本命に進みたくなるということはない！**』ということを知らなければなりません」

神田の話に、「確かに！」と納得はしていたが、お客様を満足させていけないのであれば、何を目的として個別体験をすればいいのか、鈴木にはまったく検討がついていなかった。

「個別体験では、決してお客様を満足させてはいけません。これまで私が教えてきた起業家の方にもまったく同じように教えてきました。お客様の問題を根本から解決するためには、体験で満足させてしまってはいけないのです。では、お客様を満足させてはいけないのであれば、個別体験は何を目的としなければいけないのか？」

参加者の視線が一気に神田に集中した。神田もそれを感じ取ったのか、さらに注意をひくようにわざと間をあけた。

「個別体験の目的とは……**お客様に『気づき』をお渡しすることです**。お客様に渡す気づきとは、**『私の問題は、みなさんと継続してお付き合いすることで、根本から解決する！』という気づき**です。これを渡すことを目的として個別体験ができさえすれば、お客様はご自身の問題解決のために、かなり高い確率でみなさんの本命商品・サービスに申し込んでくれるようになります」

神田がそう話すと、参加者の女性が手を挙げて質問をした。

「私も個別体験をしているのですが、よく『まずは自分でやってみます』と言われていたので、なぜそうなっていたのかがよくわかりました。ただ、その、お客様に『継続して私とお付き合いしたら自分の問題が解決するんだ！』という気づきの渡し方が思いつかないんで、そこについて教えていただけませんか？」

鈴木もこの女性とまったく同じことを思っていたので、神田の回答を固唾を呑んで待った。

「ご質問ありがとうございます。とてもいい質問ですね。それでは具体例を出してみましょう。さきほどから具体例に出しているメンタルトレーナーの場合だったらどうかという話をしましょう。いろんな方法があるので、これが絶対というわけではありません。あくまでも参考事例のひとつだと思ってくださいね。どうやって、継続して受けたほうがいいかという『気づきの与え方』です。

例えば、アスリートの方がメンタルトレーニングの個別の体験に来た時に、今の状況を数値化します。そのアスリートが100メートル走の陸上選手だとします。この陸上選手が解決したい問題が、実力はあるのにいつも緊張してスタートの反応が遅れてしまう、ということだとしましょう。

まずは、個別体験のトレーニングが始まる前に、スタートに対しての自信を0から10までの数字で記載してもらいます。仮に記載した数字が3だとしましょう。そして、次に最終的に、例えば、半年後の大会に臨む時に、このスタートに対しての自信が、0から10の数値でいくつになっていたら嬉しいかというのを記載してもらいます。本番の大会ですから、10になっていたら嬉しいですよね。今の状態と『最終的にどうなっていたいか?』という状態を明確にしたうえで個別体験のメンタルトレーニングを開始します。

ここでは実際に行うメンタルトレーニングよりも簡易的なものをします。簡易的なものであっても、もちろん変化を実感できるものですよ。

個別体験の簡易的なメンタルトレーニングを終えたら、この陸上選手に、個別体験を終えて今の段階で、スタートに対しての自信をもう一度、0から10の間で記載してもらいます。そうすると、個別体験をする前に自分で記載した数値である「3」から、「5」とか「6」に変化する。最終的な目標の「10」まではいかないけれど、短い期間でこれだけ変化するなら、はい！ ここ重要です！『継続してトレーニングしたら、半年後の本番ではスタートに対して完全な自信を持って大会に臨める！』と、継続して付き合ったら自分の問題が解決すると気づく、となるわけです。お客様が継続してメンタルトレーニングをしたら、自分の問題が解決する！ と気がついた瞬間、私ならあらかじめこの選手のメンタルトレーニングのメニューを創っておいて、これが『半年後にスタートに対しての自信が「10」になり、自己ベストの記録を残すためのお客様専用のメンタルトレーニングです！』と提案しますね。そうすれば、お客様の継続してメンタルトレーニングやりたい！という気持ちは最大になり、本命商品にもつながるということです」

神田がそう話すと、会場はさきほどとはまた違ったざわめきが起きた。このざわめきは、明らかに参加者が「なるほど～」と納得したことによるものだった。

そして、その納得のざわめきのなかで、鈴木がいちばん神田の話に感銘を受けて鳥肌が立っていた。

「本当に月収１００万円になれるかも！」

鈴木の頭のなかは、会社員から起業・独立して成功できる！　という思いで溢れていた。

鈴木さんが閉店間際のスーパーで値引きを待っていた生活から月収100万円になるまでの心得13

個別体験では、お客様を絶対に満足させてはいけない。お客様には、「こうすれば問題が解決できる」気づきをお渡しする。

SCENE 13

ビジネスは恋愛と同じ ―― 初めて会う時のハードルは下げる

セミナールーム《勉強会》⑥ ――

神田は、参加者がどうやら個別体験でお客様を満足させてはいけないということを理解したと判断し、話を続けた。

「では、みなさん。個別体験でお客様を満足させてはいけないということは、わかったと思います。ただですね、今日初めて会った人にですよ。『メンタルトレーニング体験をしてあげるから、ぜひ、うちのオフィスに来て！　個室で静かなところだからいいですよ～』と、会った瞬間に言われて、『お願いします！』と言ってオフィスまで付いて行きますか？　おそらく、今まさに『メンタルトレーニングを受けたいと四六時中思っていたんです！　もう、ここでメンタルトレーニングを受けないと死んでしまいます！』というような状態でもない限り、お願いしますというふうになる人はいないのでは？

さきほど、いきなり本命商品を買ってくれというのは、今日初めて会った人にプロポーズするようなものだと言いましたが、今日初めて会って、その場ですぐに個別体験に誘うのは、初対面の男性にその場で『付き合ってください！』と言われるようなものです。『結婚してください！』（本命商品に入ってください！）よりハードルは低いかもしれませんが、だからといって、『はい、いいですよ！』なんてことになるのは、どちらも限りなくゼロに近いケースです。なので、個別体験にいきなり誘うのもよっぽど相手があなたの熱烈なファンじゃない限り上手くはいきません。では、どうしたらいいのか？　何をしたらいいのか？　どのように個別体験というお付き合いに発展するのか？　そこで重要になってくるのが、ここですね……」

そう言って神田は、ホワイトボードに書かれた顧客動線の下から3番目のエリアを指で示した。

「急に付き合ってください！と言っても、初対面の人はそうそうOKしてはくれません。それなら、**もっとハードルを下げないといけません**ね。いきなり結婚してください、付き合ってくださいは無理でも、『みんなでご飯を食べに行きませんか？』だったらどうでしょうか？」

神田がそう言うと、参加者の多くが、「それならいい」と言わんばかりに首を縦に振っていた。

「そう、ビジネスは恋愛と同じなんですね。まずは、みんなでご飯を食べに行きましょう！ゾーンが必要なんです。それが、ここの『フロントエンド』ですね」

神田は顧客動線の下から3番目の部分に「FE」と書いた。

「フロントエンドとは、直訳すると、フロント＝前、エンド＝端なので、お客様がこの顧客動線の上から流れてきた時に、いちばん最初にみなさんと会う場所になります。お客様からしたら、初めてみなさんに会うということはものすごく心理的なハードルが高いので、下げてあげる必要があります。『1対1でご飯を食べに行こう！』と男性に誘われるよりも、『みんなでご飯に行こう！』と誘われた時のほうが参加しやすいですよね。それと同じです。なので、まずはお客様といちばん最初にお会いする場面では、みんなで会える場所を創ってあげるんです」

参加者の誰もが経験しているような喩《たと》え話に、全員が、とても納得した表情をしている。

「これをビジネスに置き換えて考えてみると、『フロント

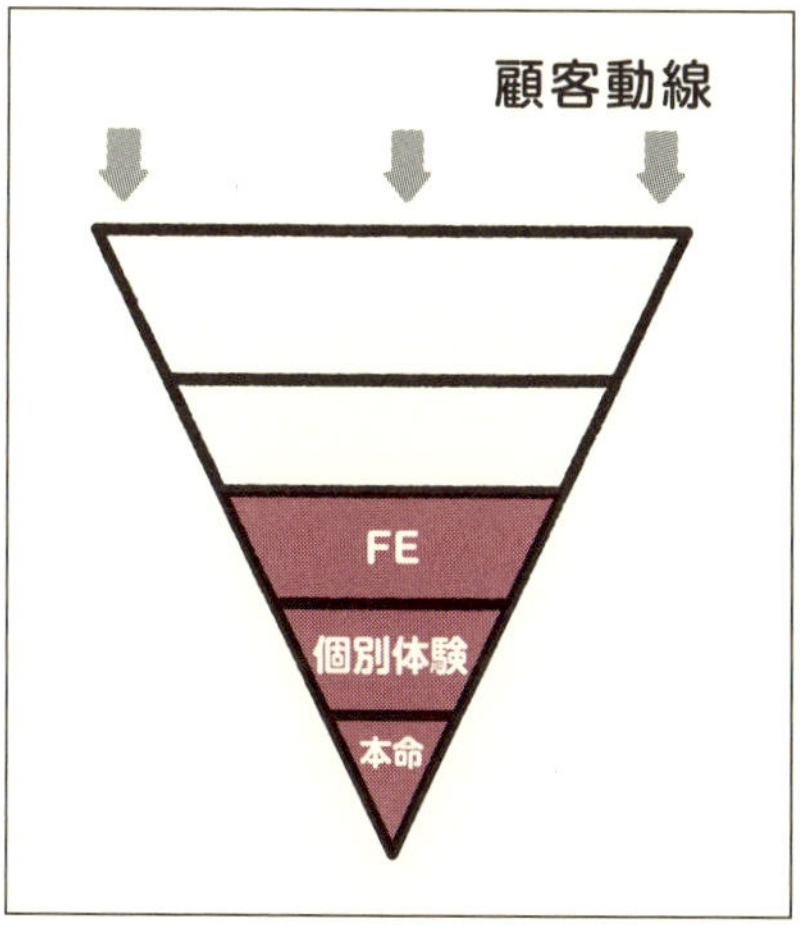

エンドは、みんなでご飯に行こう＝みんなで勉強しよう、体験しよう』になるわけです。なのでここで1Dayのセミナーや講座、あとはお茶会のようなものをするんですね。そして、**フロントエンドにお越しになったお客様も個別体験の時と同様に決して満足させてはいけません。**あくまでも私たちの目的は、本命商品でお客様の問題を解決することです。ということは、フロントエンドでの目的は、お客様を満足させることではなく、なんでしょうか？　はい！」

神田がそう言って号令をかけるかのように参加者に話をふると、参加者から一斉に、

「お客様に気づきを与えること！」

と返ってきた。

「そう、**お客様を満足させるのではなく、フロントエンドの目的は、お客様に気づきを与え、個別にもっと話を聞いてみたいな、と思っていただくこと**です」

神田がそう話すと、鈴木のなかに「さっきの個別体験の時と、フロントエンドでお客様に渡す気づきの違いがよくわからない」という疑問が生まれた。手を挙げて質問した。

「個別体験の時にお客様に渡す気づきと、フロントエンドセミナーでお客様に渡

す気づきはどう違うのか、教えていただけますか？」

鈴木には、質問をすれば、自分がこれからやろうとしているメンタルトレーニングを題材に、神田が続けて解説をしてくれるのではないか？　という目論見もあった。

神田はその意図を汲み取って質問に答えはじめた。

「とても素晴らしい質問、ありがとうございます。これは、これまで多くの人に教えてきて、必ずといっていいほどあがってくる質問ですね。そして、この質問が出てくるということは、まさに今日話している内容を自分が実践することを前提として聞いている証拠だと思います。素晴らしいですね！」

そう神田が話しはじめると、鈴木の集中力はますます高まっていった。

「個別体験でお客様にお渡しする気づきは、さきほど話した通り、継続的にみなさんとお付き合いすれば自分の問題が解決する！　という気づきでしたね。では、フロントエンドセミナーでお客様にお渡しする気づきとはなんなのか？

それは、あなたと個別にお話しをしたら、自分の抱えている問題の解決方法が見つかる！　という気づきです。おそらくこれだけだとピンとこないと思うので、具体例をあげますね」

ここからは特に聞き逃してはならないと、鈴木のペンを持つ手に力が入った。

「わかりやすいように、さっきの話の続きで、メンタルトレーナーに置き換えて話しますね。いろんなテーマでセミナーをすることはできますが、例えば、メンタルトレーナーの方が、これまでメンタルトレーニングを導入して成果をあげた人がやっていたトレーニングを体験できるというセミナーをやったとしましょう。実際に自分がメンタルトレーニングをした実例でもいいですし、トップアスリートがしているトレーニングの内容でもいいでしょう。

イチローもメンタルトレーニングを導入しているトップアスリートの1人だったりします。イチローは少年時代から、対戦するピッチャーからどんな球が来ても打てるというイメージができるまで、イメージトレーニングを行っていたそうです。どんな球が来ても打てる！　そんなイメージが出来上がっているからこそ、実際にバッターボックスに立っても平常心でいることができ、ハイパフォーマンスを発揮することができたんですね。

なので、セミナーではこのイチローがやっていたイメージングを実際にやってみる。そうすることで、自分の〝自信の状態〟の変化を実感してもらう。そして、セミナーの最後に、今日のセミナーの参加特典として、今日はイチローの事例を使ったトレーニングをしたけれども、個別で参加したお客様個人のメンタルを強化したいという事例でのトレーニングを1回行います！　とプレゼントでお渡しする。

そうすると、フロントエンドセミナーでは、メンタルトレーニングの効果は実感できたけど、自分の実例、さきほどの個別体験の例を出すと、陸上選手のスタートに対してのメンタルトレーニングはフロントエンドセミナーではできなかったので、ぜひ、個別でやりたい！　となって、そこで個別体験の予約を取ることができるわけです。

フロントエンドセミナーでは参加者の問題を取り上げるのではなく、一般的な題材でメンタルトレーニングの効果を体感してもらい、自分が個別に持っている問題についてもメンタルトレーニングをして欲しい！という状態を創り出したところで、参加特典で個別の問題は個別体験でメンタルトレーニングをしますよ！と提案をする。そうしたら、お客様は個別体験を受けたくなりますよね？」

鈴木は思わず、「受けたくなります」と声に出した。

この時、鈴木のなかでは、本命商品までの道筋がすべてつながったように感じ、今すぐにでも、フロントエンドセミナーをやりたいと思った。

鈴木さんが閉店間際のスーパーで値引きを待っていた生活から月収100万円になるまでの心得14

まずは、みんなで会いましょう。という、
フロントエンドの場所を設ける。

鈴木さんが閉店間際のスーパーで値引きを待っていた生活から月収100万円になるまでの心得15

フロントエンドでは、
個別体験を受けたいという気づきを与える。

SCENE 14

セミナールーム《勉強会》⑦——

生理的に嫌いな人をお客様にしてはいけない！

「フロントエンドから個別面談、そして、本命商品までの流れがつながったからこそ、ここでみなさんに教えなければいけないことがあります」

これで安心してはいけないぞと言わんばかりに、神田が話を切り出した。

「ここで、あるポイントを知らないまま、フロントエンド、個別体験、本命という流れを創り出してしまうと、後々、みなさんのビジネスにトラブルが起きる可能性が非常に高まります。ただ、逆を言えば、このポイントを知ったうえで、この顧客動線の流れを実践することができれば、みなさんのビジネスの仕組みは、すでに0から月収100万円以上となった人たちに大きく近づきます」

鈴木は、自分の目標としている「月収100万円」という言葉に反応した。

「では、すでに個人で活動して月収100万円を超えている人たちが、顧客動線を実践するうえで行っているポイントとは何か？……

それは、『**お客様を選んでいる**』ということです。多くの起業家の人たちは、『お客様に選ばれる』ことを考えますが、本当に上手くいっている人は『お客様を選ぶ』という発想でビジネスを育てていっているのです」

鈴木にも「お客様にいかに気に入ってもらうか」という発想はあったが、こちら側が「お客様を選ぶ」という発想はまったくなかった。

「なぜ、お客様を選ぶ必要があるのか？　まず理由のひとつとして挙げられるのが、**自分が好きだと思うお客様以外をお客様にすると、なんらかのトラブルが起きます**。金銭のやり取りだったり、過剰対応の要求、ありもしない噂を広められる…など、私たちは個人で活動していますから、最初はスタッフも従業員もいないことがほとんどです。ということは、こういったトラブルが発生したら対応するのは誰になるでしょうか？」

神田が会場を見渡すと、参加者の多くが「自分」と口を動かしていた。

「そうです。自分でこういったトラブルに対応しなければいけません。そして、こういったトラブルの対応ではけっこう時間と労力を使う場合がほとんどです。そうすると誰に対して失礼なことになるでしょうか？」

神田は参加者に考えることを促すように少し間を置いた。

「そうです。自分のことを信頼してくれている、みなさんが好きなお客様です。トラブルの対応をすることで、好きなお客様に時間をついやすことができなかったり、トラブル対応直後にストレスフルの状態で好きなお客様にサービスを提供せざるをえなかったりする。こんなことをしていると、**みなさんが好きなお客様は離れていってしまいます。**だからそうなるのなら、最初からお客様は選びなさいということなんです」

こう言い切ると、お客様を選ぶという発想をまったく持っていなかった参加者から、「どんなお客様を選べばいいのか？」という質問が神田に向けられた。

「お客様を選ぶ基準は、まずは大前提として、**『生理的にその人のことが好きかどうか？』**ということがいちばん大切です。お客様の問題を本命商品で解決するとなると継続したお付き合いになります。お客様にとっても私たちにとっても**いちばん不幸なのは、いやいや継続的にお付き合いすること**です。人間ですから相性はあります。それと、ビジネスは楽しくなければ続きません。ビジネスを楽しくする秘訣のひとつは好きな人としか付き合わないことです。だから、まずは、生理的にその人のことが好きかどうか？　ここで判断してみてください」

神田はそう話すと、まるで続けて出てくるであろう質問を予知するかのように話を続けた。

「こう話すと、次に『お客様を選ぶということは、お客様から申し込みがあっても断るということですか？』という声が聞こえてきそうですね。結論から言うと、もし、あなたが生理的にこの人のことを好きだと思えないというのであれば、それはなんらかの理由をつけて断るべきですね。さっきも言った通り、**生理的に好きじゃない人をお客様にすると、なんらかのトラブルが起きやすくなってしまいます。**

私の場合ですと、直接、コンサルティングをする人は、まずは生理的に好きかどうかというのを見極めます。その次に、私がコンサルティングをする人は、『素直で、礼儀正しく、行動する人、という3つの条件を満たしている人』という条件を明確に設けています。なので、私がコンサルティングの依頼を受けて断る時は、この3つのどれかが欠けている時ですから、その時は、はっきりとなぜコンサルティングの依頼を受けないのかというのをお伝えしています。この3つの要素が欠けている人は、これまでの経験から、どんなに教えても伸びないのを知っているので、ビジネスの知識を教える前に、まずはそっちを直したほうが結果がすぐ出たりするんです。なので、初対面の人に『礼儀がなっていない！』と言うこともありますが、けっこう後日、『そんなこと、今まで誰も言ってくれなかった』と感謝のメールが来たりしますよ。もちろん、物理的に時間の余裕がなくてコンサルティングの依頼をお受けできないということもありますが…」

鈴木は神田の話を聞きながら、確かにお客様を選べて、自分が好きなお客様ばかりだったらいいなと思いながらも、それは実績のある神田だからできるんじゃないかと思っていた。すると、話の間を置いた神田が、すかさず話を再開した。

「…と、この話をすると、だいたいの人が、それは実績のある神田さんだからできるんじゃないですか？　と思うんですよね」

（なんで自分の思っていることがわかるんだ！）

「じつは、**お客様を選ぶというのは、『実績がない時ほど』すべきこと**なんです。なぜなら、実績がない時ほど、売上の魔力に負けて、自分が好きではないお客様の申し込みを受けてしまう。自分が好きじゃない人をお客様にしてしまうと、好きじゃないお客様が、また好きじゃないお客様を連れてきてしまいます。そうなると、この負のスパイラルからは抜け出せません。でも最初から好きなお客様だけを選んでいると、自分の好きなお客様の周りには、やはり自分の好きなお客様がいることが多い。そうなると、どんどん自分の好きなお客様だけが増えていくんです。そして、そんな好循環を生み出すいちばんの秘訣があります。たぶん、私のFacebookやメルマガを見ている人だとわかるんじゃないかな？」

神田はこう言って、参加者のなかで思い当たる節がある人はいないかと投げかけた。

「お客様を選ぶことで、次々と自分の好きなお客様しか来ない循環を創るコツは、お客様を選んだということを、みなさんのFacebookやブログ、メルマガで発信することなんです。私の例で言うと、3カ月くらい前に、Facebookで『ビジネスの話をする前に大人の社会人として時間は守ろうよ』というFacebookフィードを投稿したのを覚えている人いないかな？」

神田がそう呼びかけると、何人かの参加者が手を挙げていた。

手を挙げていた参加者の一人に対して、神田が「どんな内容だったか覚えている？」と聞くと、そのうちの一人が次のように答えた。

「確か、長野から新幹線で先生のところにご相談にいらした方で、前日の20時までに事前資料を出す約束だったのが、提出が20時を過ぎていたのに、申し訳ありませんの一言もなく、先生が時間を守れない方とはお会いできないとおっしゃったという内容だったと思います。その方は先生から指摘されて、二度とこのようなことはいたしませんといいながらも、翌日の面談に20分遅れてきて、10分で帰ってもらったという…」

「そうです。私のお付き合いする方の条件として、礼儀正しさというものがあり、そこがちゃんとしていないので、まずはそこを整えて来てくださいと言って、すぐにお帰りいただいたという話ですね。これを私はFacebookに投稿をしたんです。私はこんな人とはお付き合いしませんよ、という感じで。そうすると、少しでも、礼儀正しさであったり、素直さ、行動力に自信がない人は、私に近寄ってこなくなるんですね。その反対に、学ばせてもらうんだから、そんなのは当たり前だ！　と思う私が好きなお客様は、ますます距離が近づくわけです。そうなると、みなさんの目の前に現れるのは自分が好きだと思うお客様だけになっていくんですね」

鈴木は神田の話を聞きながら、そんなふうに断ることができたらいいけど、いきなりそんなことができるのだろうかと、お客様の依頼を断るということを行動に移す自信を今ひとつ持てずにいた。

「ここまで話すと、確かにお客様を選んだほうがいいな、とはなると思うんですけど、それでも実際にお会いして開始10分で『帰れ!!』だなんてできる自信がない……というふうにどうしてもなると思うんです」

神田には、どうやらすべてお見通しのようである。

「だから、そこで力を発揮するのが『顧客動線』なのです」

そう言って、神田はホワイトボードに書いてある逆三角形の顧客動線を強く指差した。

「どういうことか？　例えばフロントエンドセミナー。フロントエンドセミナーをする時はどういう意識でするのか？　今となっては、もう私はセミナーはしていませんが、私がまだ駆け出しの頃は、私自身もフロントエンドセミナーをしていました」

神田は今、30名以上の起業家のコンサルティングをしており、新規での申し込みができないコンサルタントという異名を持つまでになっていた。

「その時に私がフロントエンドセミナーをどんな意識でしていたかというと、それは『オーディション』です。お客様を選ぶという観点でいくと、当時は10名限定でフロントエンドセミナーをしていたので、今日の参加者の方のなかにはダイヤモンドの原石はいるかな？　そんな意識でフロントエンドセミナーをしていました。

とはいえ、10名満席になっても、やっぱり本命商品で継続的にコンサルティングしたいなって人がいない時もあるんですね。そんな時はどうするかというと、**『参加特典の個別体験の案内をしない』**んです。もちろん、セミナーの案内文には参加特典で個別体験があるとは記載しませんよ。

そうすることで、個別体験に進めたいなと思うお客様がいなくても、フロントエンドセミナーは全力でやって、ここでは満足してもらって、最高のお客様の声をいただく。そして、個別体験の案内はしない。そうすれば、わざわざ『帰れ!!』と付き合いたくないお客様を一喝しなくても、仕組みとして付き合いたくないお客様はノーストレスで断ることができるわけです」

この話を聞いた瞬間、鈴木は「僕にもできる！」と感じた。

さらに、神田の話は続く。

「そして、フロントエンドセミナーで『ダイヤモンドの原石を見つけた！』と思って個別体験を案内するじゃないですか。そうすると、たまに、あれ？ フロントエンドセミナーの時はいい感じだと思ったのに、2人で話してみると、あ

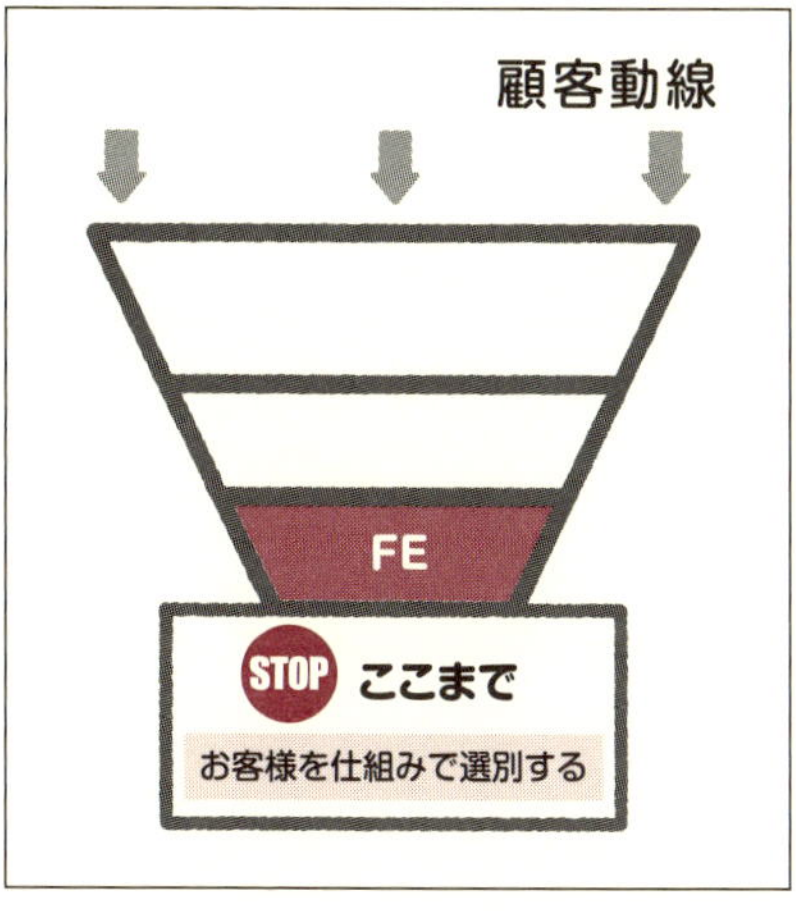

まりよくないな…ってことがあるんです。例えて言うなら、みんなで食事に行った時は素敵だな〜と思ったけど、いざ2人でデートしてみると、最悪。ということに気がついてしまったりするのと同じです（笑）」

会場の女性参加者から笑い声が流れた。

「この喩え話をすると、いつも女性から笑い声が出るから、男性としてはいつもなんかヒヤヒヤしちゃいます（笑）。でも、やっぱりそういうことがあるんです。そういう場合はどうすればいいのか？　とっても簡単です。あっ、これ今ビジネスの話していますよ。デートしてみてこの人最悪だと思った時の対処法の話ではありませんよ（笑）。個別体験をして、やっぱりこの人はお客様にしたくないなと思った時の対処法です。とってもシンプルですよ。個別体験をして、あとがんばってくださいね！　と言って満面の笑みで送り出すだけです。別に、**本命商品を絶対に提案しないといけないわけではありません**からね」

神田のユーモアを交えての説明を聞きながらも、鈴木にはある疑問が浮かんでいたが、またしても神田が先回りして話してくれるような気がしたので黙っていた。

「そうすると、今度は、じゃあ、お客様からこの続きはないんですか、と聞かれたらどうすればいいんですか？　というような質問が出てきそうですね」

　案の定、神田から参加者の気持ちを汲み取った話が続く。

「そんな時は、ただシンプルに『ありません！』と言えばいいだけです」

　気持ちがいいくらい神田は笑顔できっぱりと答えた。確かに、こんなにはっきりと清々しく言われたら、お客様もそうなんだと思うだろうな、と鈴木は思った。

　そして、いつしか、自分にだって顧客動線があれば、お客様を選ぶということもできそうだ、という気持ちに変わっていた。

心得16
鈴木さんが閉店間際のスーパーで値引きを待っていた生活から月収100万円になるまでの

お客様は選ぶものである。

SCENE 15

セミナールーム《勉強会》⑧ ――
会社員からでも、実績がなくても、お客様は集めることはできる

俄然、会社員からメンタルトレーナーとして成功できるという気がしてきた鈴木に、ふとした疑問が生まれた。

「ところで、自分がフロントエンドセミナーをするとなった時に、お客様はどうやって集めるのだろう?」

そんな眼差しでステージに目を向けると、神田がホワイトボードに書いてある次のエリアを指差して話しはじめた。

「これで本当にフロントエンドセミナーから、個別体験、本命商品の流れを理解したと言えるでしょう。そうなってくると、ここで湧き上がってくるのが、『どうやってフロントエンドセミナーに人を集めるのか?』ということです」

鈴木は、神田のこの先回りして参加者が疑問に思うことを言えるのは、それだけこれまで多くの起業家の相談に乗ってきた経験値の裏付けであると感じはじめ

ていた。

「さっき、フロントエンドセミナーでは、恋愛で言えば、みんなでご飯を食べに行きましょう！　というゾーンですよ、という話をしました」

神田はそう言うと、もう一度ホワイトボードに描かれた顧客動線のフロントエンドセミナーの部分を指差した。そして、その指をフロントエンドセミナーのひとつ上の部分に移した。

「一緒にご飯を食べに行こうって言ったって、自分が気になる人とは仲良くしておきたいなというゾーンがあったり……」

神田はさらに顧客動線のもうひとつ上、顧客動線のいちばん上のエリアに指を移した。

「そもそもそんな人と出会うためのゾーンが必要だったりするわけです。ちなみに、個人の起業家がお客様と出会う場所は、大きく分けて2つです」

神田はそう言うと、顧客動線のいちばん上のエリアを真ん中で2つに分けた。そして、話を続ける。

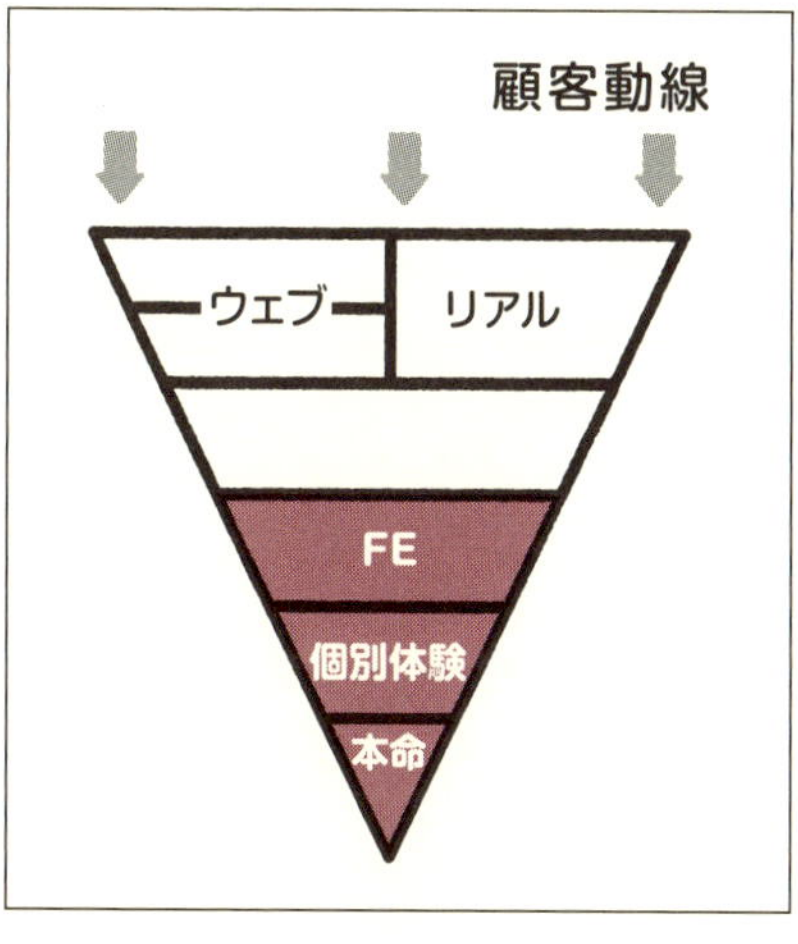

「**お客様とどこで出会うかというと、大きく分けると、『リアル』と『Ｗｅｂ』があります。**リアルというのは、実際に自分のお客様候補となる人がいる場所に出かけていくということですね。Ｗｅｂは正直、今はいろんなツールが溢れかえっています。Ｆａｃｅｂｏｏｋ、ブログ、ワードプレス、ツイッター、ＬＩＮＥ、ＬＩＮＥ＠、ＹｏｕＴｕｂｅ、インスタグラム、Ｇｏｏｇｌｅ＋、ミクシィ、はてなブックマーク……あげたらキリがありません。

起業スタート段階なのであれば、ポイントは『全部やらないことです』。**Ｗｅｂ戦略は、最初は広く浅くやるより、狭く深くやったほうが結果が出やすい**です。そして、私のポリシーとして、最低限必要な自己投資以外はクライアントにお金をかけさせないということがあります、そう考えると、月収１００万円程度でいいのであれば、Ｆａｃｅｂｏｏｋとブログだけで十分です」

神田の話のひとつひとつに妙な説得力があるのは、これまで多くの人たちに教えてきたという実績、経験だけではなく、神田自身が自分がすでにやったことしか教えないというスタンスで教えているからなんだな、鈴木はそう感じとっていた。

「今、顧客動線のいちばん上のエリアの話をしていますが、じつは顧客動線が逆三角形になっているのには意味があるんです。もし、この顧客動線のいちばん上の辺がこれくらい短かったら、この三角形はどうなるでしょうか？」

神田はそう言うと、逆三角形の上の辺が短い、細長い二等辺三角形をホワイトボードに描いた。

「こんな細長い三角形になりますよね。そうなると、本命の部分の面積が小さくなります。本命の面積が小さくなるということは、売上が減るということです。逆に、この顧客動線の逆三角形のいちばん上の辺の長さがものすごく長くなったらどうでしょうか？　逆三角形は大きくなりますよね。そうすると、本命商品の面積も大きくなります。ということは、これは売上があがるということです。つまり、これから顧客動線を創ろうとしている我々としては、どれだけこのいちばん上の辺を長くすることができるのか、ということがとても重要になってくるのです」

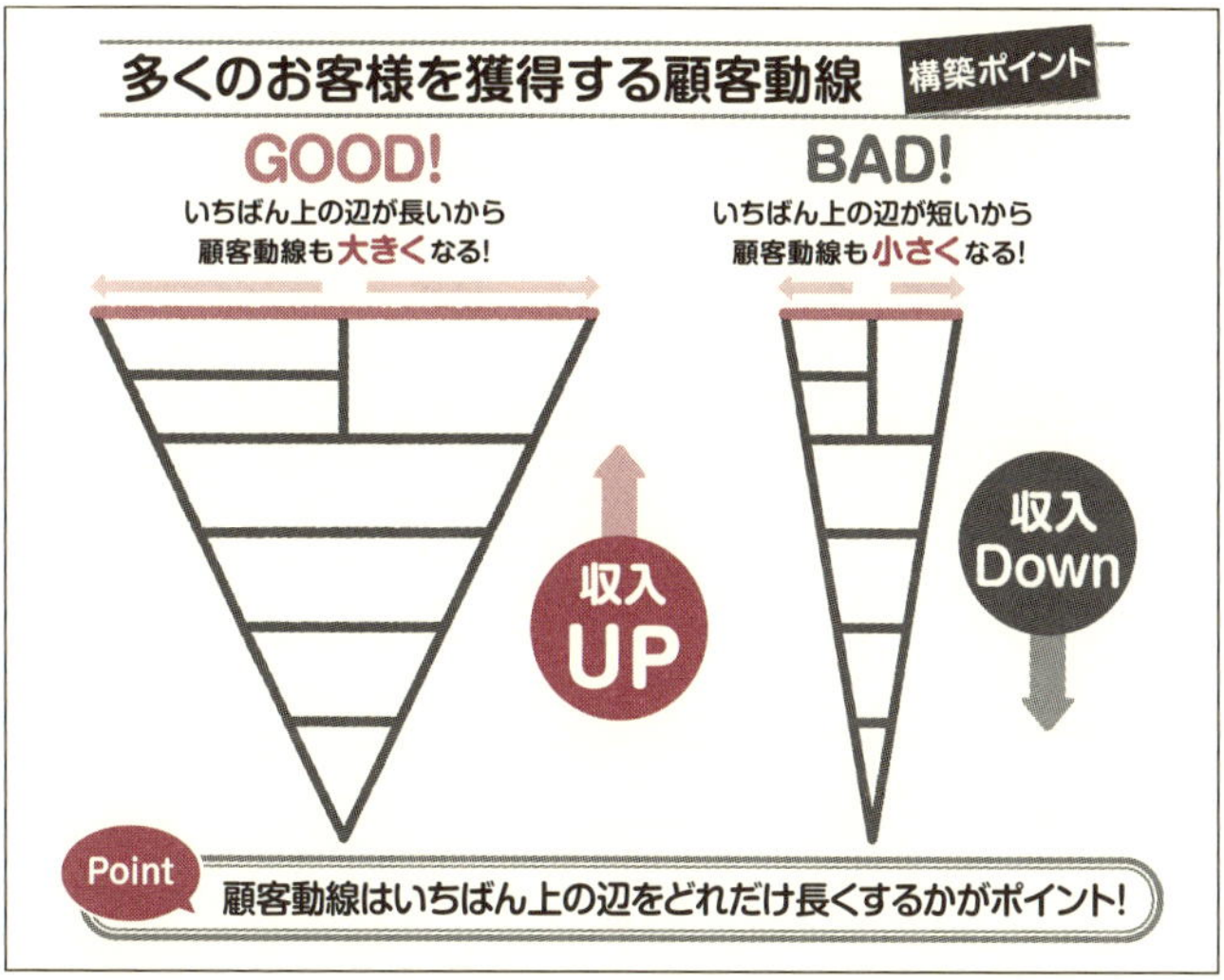

多くのお客様を獲得する顧客動線
構築ポイント
GOOD!
いちばん上の辺が長いから
顧客動線も大きくなる!
BAD!
いちばん上の辺が短いから
顧客動線も小さくなる!
収入
UP
収入
Down
Point
顧客動線はいちばん上の辺をどれだけ長くするかがポイント!

神田はホワイトボードいっぱいに大きな逆三角形の顧客動線を描いた。

「では、この顧客動線を大きくするために、いちばん上のエリア、特にWebについての考え方を話しますね。まずはブログです。ちなみに、今、ブログをもうすでにやっているという方はどれくらいいますか?」

参加者の7割ほどが手を挙げた。有名人でもないのに、世の中にこんなにも自分自身のブログを持っている人がいるのだと、鈴木は少し驚きを覚えた。

「ありがとうございます。では、すでにブログを書いている人にも、これから書こうと思っているけど、まだ書きはじめていないという人にも質問です。ブログにはどんなことを書いていますか? または、書こうと思っていますか?」

再び参加者に質問すると、壇上を降りて参加者の座席の間を歩き始めた。

「ブログにはどんなことを書こうと思っていますか?」

神田が参加者の一人に聞いた。

「自分のセミナーとかの告知や日々の出来事についてです」

参加者の一人が神田の目をまっすぐに見て答えた。神田は、答えてくれた参加者に優しく微笑みながら、「ありがとうございます」と言うと、次々と参加者に意見を求めた。

『あなたは、ブログについて、どんなことを書こうと思っていますか？』——

「自分の専門分野について」

「自分の知っていることでお客さんが知りたいようなこと」

「日記」

「日常の出来事」……

などの答えが出てきた。

一通り参加者の考えを聞いたところで神田は再び壇上に戻った。

「みなさん、ご回答ありがとうございます。じつに様々な答えがあって素晴らしいと思います」

この時、鈴木は、神田が今日一度も参加者からの答えを否定していないことに気がついた。これがこれだけ多くの人が神田の話を聞きたいと集まる秘訣のひとつなのかもしれない。そう思いながらも、やはり鈴木も神田の話に引き込まれていた。神田の話は続く。

「ブログについては、個人で活動している人のほとんどはこう捉えていますね。『自分の』情報発信ツールです、と」

そう言うと、神田はホワイトボードに「自分の情報発信ツール」と書いた。

「ただですね、月収100万円以上をあげている、これまで私が教えてきた起業家の方々は、じつはこうは捉えていません。

なぜなら、**『自分の』情報発信ツールと考えてしまうと、ビジネスの本質から外れてしまう**からです。ビジネスの本質とは何か？　それは、今日のセミナーの冒頭でお話ししましたね。『ビジネスとは？』の定義です。私は、今日みなさんに、ビジネスとは、何である！　とお教えしましたっけ？」

そう神田が言うと、神田が参加者の誰かを当てる前に、参加者から「お客様の問題解決！」という声が返ってきた。

「まだ、誰にも当ててないのに、素早い反応素晴らしいですね。そう、ビジネスとは、『お客様の』問題解決です」

そう言いながら神田はホワイトボードに近づき、黒のマーカーを持った。

「**ビジネスとは、『お客様の』問題解決**、なんです」

神田はもう一度そう言うと、ホワイトボードにさっき書いた、「『自分の』情報発信ツール」という文字の『自分の』という部

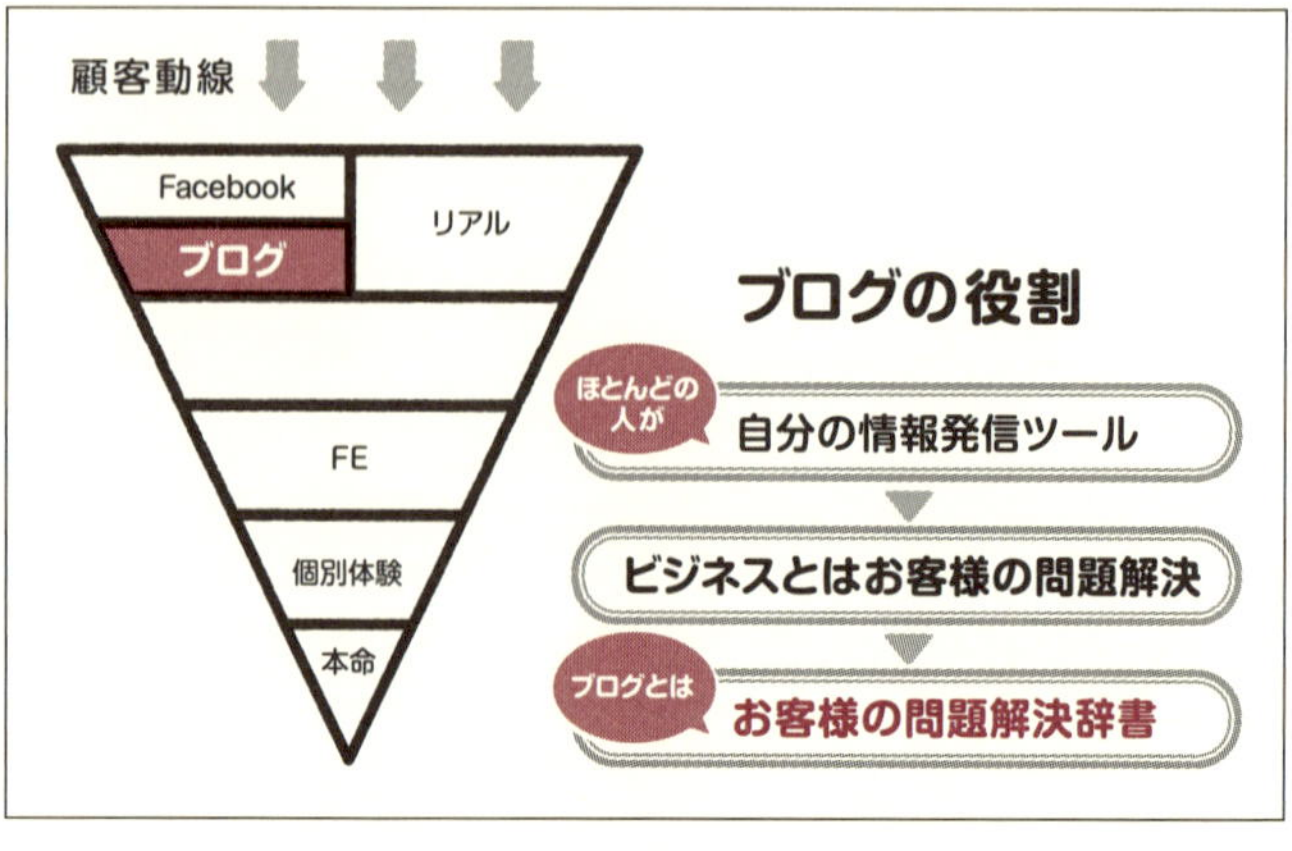

分をグルグルとマーカーで囲みながら、もう一度、繰り返した。

「ビジネスとは『お客様の』問題解決なんです。『お客様の』『お客様の』『お客様の』……」

神田は、『お客様の』と言うたびに、ホワイトボードに書かれた『自分の』という文字のところを何度もマーカーで囲った。ここまでされたら、ビジネスをする、起業をする、という時は「お客様の」ことを考えないといけないのに、ほとんどの人が「自分の」情報を発信することばかりに〝やっきに〟なってしまい、だからお客様が来てくれない状況になっている。そう神田が言いたいのだということに気がつかないわけにはいかない。

「もうわかりましたね。**ビジネスは『お客様の』問題解決なのに、ほとんどの人が『自分の』情報を発信しているのです。これではお客様は来てくれません。**お客様がこの世の中で興味があることはたったひとつです。それが何かわかりますか？」

神田はひと呼吸おいて、参加者を見渡した。

「お客様がこの世の中で興味があるたったひとつのこと。それは、『自分』です。**お客様は自分にしか興味がない。**好きな人も自分の好きな人だから興味があるわけです。常に、お客様の興味関心の中心には自分がいます。それなのに、みなさんが発信する内容がお客様のことではなく、みなさん自身のことを情報発信していては、お客様が興味を持ってくれるわけがありませんね。

それでは、じゃあ、ブログとはいったいどういうものだと捉えればいいのか？　私が0から、それこそブログのアカウントも持っていませんという状態からでも、数カ月で月収100万円を超えた個人で活動する起業家の方々になんて教えていたのか？　それはですね…」

参加者の視線が神田に一気に集まった。

「**ブログとは、『お客様の問題解決辞書』である**、と教えています。これを**辞書型ブログ戦略**と言います。今日の例で言うと、メンタルトレーニングをしているトレーナーの方をずっとあげてきているので、この例で解説しましょう」

鈴木は、神田の自分への心遣いを感じた。

「例えば、メンタルトレーニング。まぁ、コーチングとかNLP、心理カウンセリング系の個人セッションをやる方全般もそうなのですが、その方々のブログを見ると、まぁ、自分の分野に惚れ込んでいるだけあって、専門知識ばかりなんですね。一例を出すと、なぜ腹式呼吸をするとパフォーマンスが上がるのか？　みたいな感じです。ただですね、ビジネスとはお客様の問題解決なんです。ブログは、お客様の問題解決辞書なんです。問題解決辞書ということは、みなさんが日常で何か困った時に、その答えを探すために開くモノという存在に、みなさんのブログがならないといけないんですね。冷静に考えてみてください。日常で一般の人が、山手線の駅のホームで、『なぜ腹式呼吸をするとパフォーマンスが上がるのか知りたぁーい』と思いながら電車を待っている人っていると思います？」

参加者は、「さすがにそんな人はいないですね」と言わんばかりに苦笑いしながら、神田の話の続きに耳を傾けた。

「そんな人いないですよね。だから、みなさんのところに人が来ないんです。お客様は自分のことにしか興味がない。であるならば、もし私が同じ「腹式呼吸」についてブログの記事を書くのであれば、『アスリートが自己新記録を更新した時に必ずしていた1つの習慣』というようなタイトルをつけます。そして、ブログの記事を読むと、腹式呼吸のことについて書いてある。例えば、このメンタルトレーナーの方のメインとするお客様ターゲットがアスリートなのであれば、こんな記事ばかり書いてあるブログを創るんです。まさに、アスリートからしたら『自分の記録を更新したい！』という問題の解決方法ばかり記載されている問題解決辞書ですよね。アスリート、さらには、アスリートを指導する人がそんなブログを見つけたらどうでしょうか？　すぐにブックマークです！　なぜ辞書型のブログを目指すのか？　それはですね、まずは私たちにはわからないことは調べるという習慣があります。辞書ですから、わかりやすいところでいくと、英単語の意味を調べる英和辞典がありますね」

神田はそう言うと、ジャケットの内ポケットからスマートフォンを取り出し、スマートフォンを辞書に見立てた。

「例えば、私が英和辞典という存在を知らない人だったとしましょう。日常で問題が起きます。この場合は英単語の日本語の意味がわからないという問題ですね。Ｆａｃｅｂｏｏｋの Ｆａｃｅという意味がわからない。そしたら、友達が『お前、英和辞典ってのがあるの知らないの？』と、この英和辞典を教えてくれたとします。そうして、初めて英和辞典を知った私が開いてみると、『なんだこれは!!自分が知りたい答え（英単語の日本語の意味）がここにすべて書いてあるじゃないかぁー!!』と衝撃を受ける。そして、これから問題（日本語の意味がわからない英単語に遭遇すること）が起きても、答えが載っている辞書を見つけたらもう安心！　となります。そして、また日常に戻り、次はＦａｃｅｂｏｏｋのｂｏｏｋという単語の意味がわからない！　という問題に遭遇する。でも、もうこの人はかつてのように、どうしたらいいんだ～！とは慌てません。なぜなら、この人は答えが載っている場所（英和辞典）を知っているからです。そして、この人は英和辞典に戻ってきて問題の解決をする。つまり、何が言いたいのか？

　いいですか、ここ重要です。**辞書って、ものすごく『中毒性が高い』んです。**だから、一度知ってしまったら最後、何かあるごとにあなたの辞書で調べなきゃ！そんな存在となるブログを創るんですね。こうやって、何度も何度も見に来る人を創る。そんな人たちのことを〝ファン〟というわけですね」

　鈴木はまさに自分もそんなお客様の辞書となるブログを創りたいと思ったが、同時に何よりも今の自分の問題の解決方法をすべて解決してくれるブログが欲しいと感じていた。そんな思いをさらに大きくする神田の話が続く。

「辞書型ブログにすると起きる、さらに楽しいことの話をするとですね、みなさんに質問なのですが、英和辞典にフランス語の意味を調べたい！　という人って来ますか？」

　参加者の多くが首を横に振った。

「そうですよね。英和辞典にフランス語の意味を知りたい人は来ません。何が言いたいのかというと、辞書って『自分に興味がある人しか来ないんです』。つまりは、あなたのブログを辞書型にすると、あなたに興味がある人しか来ない。あなたに興味がある人だけを相手にしてビジネスが成立したら、しかも、それだけで月収が100万円超えたら嬉しくないですか？」

「嬉しい…」——思わず鈴木の口から言葉が漏れた。

「フロントエンドセミナーや個別体験でお客様を選ぶのですが、そもそもこの顧客動線の入り口のところから、自分が好きな、自分に興味があるお客様だけを引きつける。これがブログの役目でもあるんです」

鈴木は、正直、ブログなんて書く気もしなかったし、そもそも何を書いたらいいのかもイメージが湧いていなかった。それが今はどうだろう。自分の好きな、そして、自分に興味がある人が集まってくる辞書型ブログという発想を聞いて、今すぐにでも家に帰ってブログを開設したい気持ちに駆られていた。

「ブログの役割についてはわかりましたね。そしたら、次はFacebookです。Facebookについては、Facebookが普及してきた頃、人によっては、これからはFacebookの時代だからブログはもうやらなくてもいい！という専門家もいました。これについてはみなさんどう思いますか？」

神田は自分のセミナーであるにもかかわらず、何度も参加者の意見や考えに耳を傾ける。そのせいか、普段ならこういったセミナーや講演では、必ずと言ってもいいほど睡魔に襲われる鈴木だったが、今日は一度もそんな場面がない。

神田はひと通り参加者の考えを聞くと、話を続けた。

「結論から言うと、Ｆａｃｅｂｏｏｋ、ブログ両方とも必要です。なぜなら、この２つはまったく性格が違います。性格が違うということは、個人で活動して、毎月安定的に月収１００万円という報酬を得る仕組みを創るうえでの役割が違うということでもあります。どう役割が違うのか？　まずはＦａｃｅｂｏｏｋ。Ｆａｃｅｂｏｏｋの最大の特徴ってなんだと思いますか？」

神田が参加者に質問を投げかける。

『Ｆａｃｅｂｏｏｋの特徴ってなんだと思いますか？』――

「本名で登録するので信頼性があること」

「リアルタイムで状況を知れること」

「投稿するのが簡単」

「昔の友達と再会できる」……

などの答えが出てきた。

「そうですね。みなさんから出てきた答えはその通りだと思います。では、そのなかでも、みなさんのビジネスツールとしてFacebookを使うということを前提とした場合、その場合の**Facebookの最大の特徴は**何かと言うと、それは『**拡散性**』です。例えば、みなさんと私がFacebookでまだ友達としてつながっていないとしましょう。そこにAさんという人がいます。このAさんは、Facebookで私と友達としてつながっていて、みなさんともつながっているとしますね。私、Aさん、みなさん。この3人でFacebookで友達としてつながっていないのは、私とみなさんです。この時にAさんが私のFacebookのフィードに『いいね』を押すと、みなさんのFacebookの画面には『Aさんが神田さんの投稿にいいねを押しました』と通知が出ますね。それを見たみなさんは、Aさんはどんな投稿に『いいね』を押したんだろう、とその通知をクリックする。

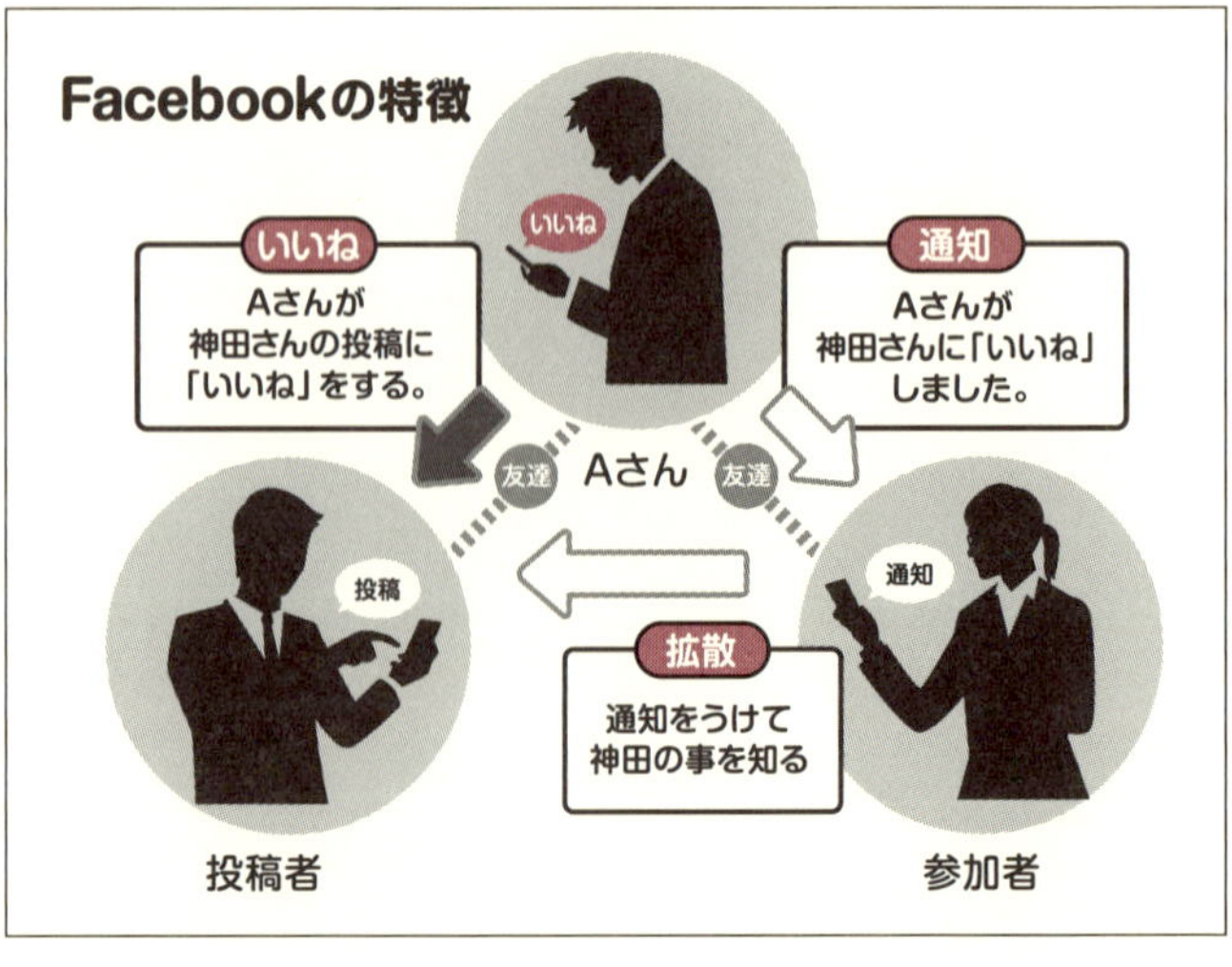

すると、Aさんが『いいね』を押した私のFacebook投稿を見ることができます。つまり、**私からしたら、友達としてつながっていないみなさんにまで自分の情報が届いた、**ということになりますね。だから、Facebookの特徴は拡散性なんです」

鈴木は、確かに自分も、友達が「いいね」を押したという通知で、知らない人のFacebookの投稿を見た経験があるなと思い出していた。

「では、ブログはどうでしょう？　ブログの最大の特徴は何か？　これは、この質問でブログの特徴を感じることができます。どんな質問かというと、こうです。Facebookの投稿で、あなたが去年の5月13日に投稿したモノをすぐに出すことはできますか？　これが質問です。出すことはできますか？」

鈴木は自分のFacebookの画面を思い出してみたが、過去に自分が投稿したモノを見るためには、何度も画面をスクロールしないと見られないことに気がついたのと同時に、何度もスクロールして過去の投稿に戻るのはとても面倒だと感じた。

「そうなんですよね。Facebookで自分が過去に投稿した内容を見るにはものすごく手間がかかります。では、ブログならどうでしょうか？　ブログで去年の5月13日に書いた記事を出してください、と言われたら、すぐに出せますか？」

ブログを書いたことのない鈴木は、自分のスマートフォンを取り出して、自分が好きな芸能人のブログを開いた。そうすると月別に投稿した記事にアクセスできるようになっていて、すぐに去年の5月の投稿記事一覧を見ることができた。

「そう！　ブログは簡単に過去の記事を引き出せます。つまりは、**ブログの最大の特徴は『検索性』**なんです。だから、辞書型ブログなんですね。この中毒性が高い辞書型ブログの記事を、拡散性というFacebookの最大の特徴を使って世の中に広めるんです」

神田はそう言うと、ホワイトボードに書かれた逆三角形の顧客動線の最上部から、矢印を何本も顧客動線の外に向かって書き出した。

「こうして、世の中にあなたの情報（辞書型ブログ記事）が拡散されて、それに

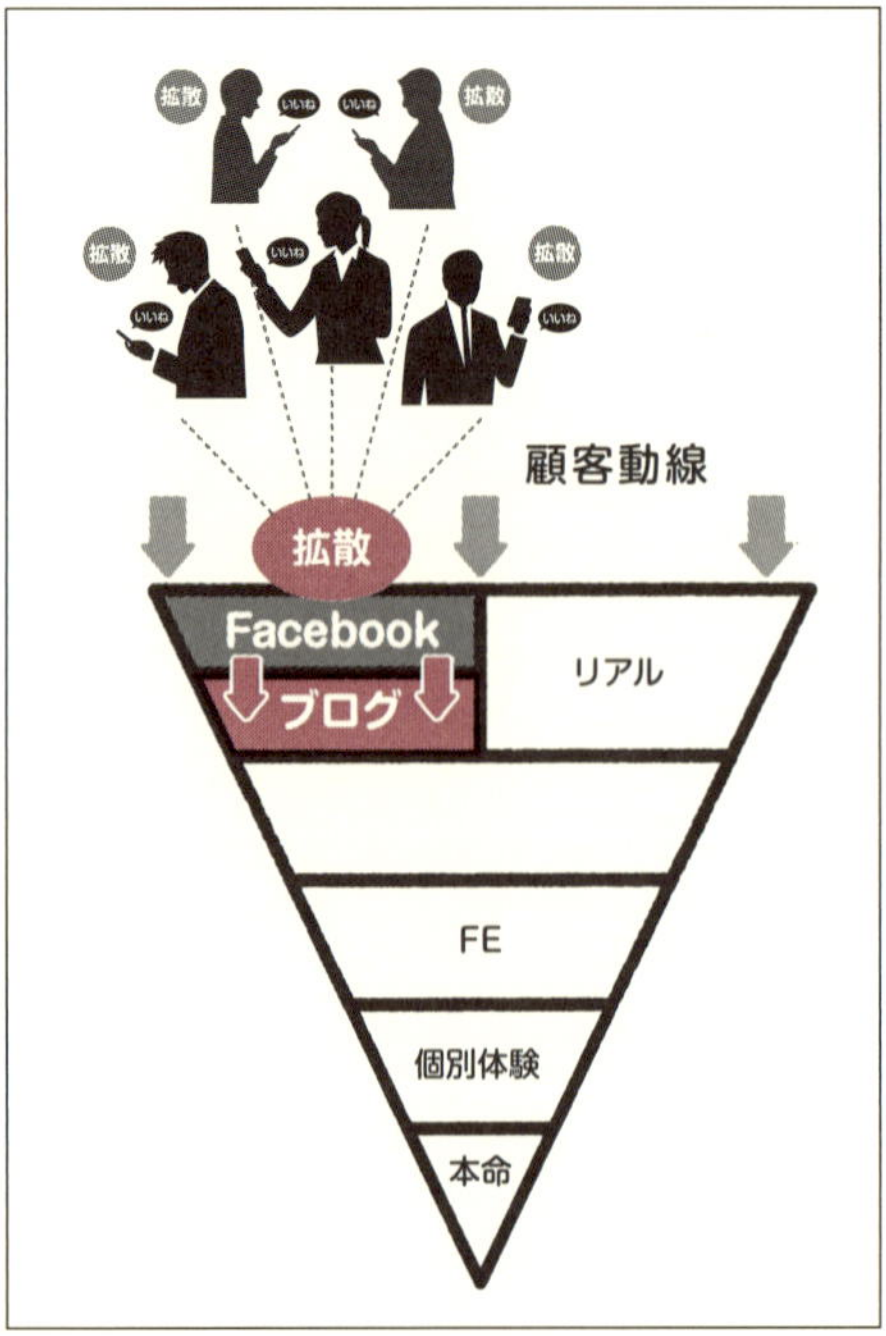

ヒットする人たちがいる」

　神田はそう言うと、さきほど顧客動線から外に向かって四方八方に伸ばした矢印の先に×印を書いた。

「この記事が刺さった人たちがどこに来るかというと、拡散しているのは辞書型ブログ記事なので、ブログですね。そして、そのブログは辞書化されているので、中毒性が発生する。そうなると、今まで自分の本命商品に続く顧客動線の道の外にいた人たちが、自分の本命商品につながる道の上に留まることになる。ブログは常に更新されていますから、何度も何度も記事を読む。こんなお客様が出てくるんですね」

　神田は、参加者の視線がメモをしているノートから離れて、神田のほうを見たことを確認して話を続けた。

「もっと詳しく知りたい！　こんなお客様が現れます。例えて言うなら、学生の時の学年が変わることによって行われるクラス替えのこんなシーンです。クラス替えしたら同じクラスに、えっ！こんなイケメンが同じ学年にいたの!!　という男子との出会い。毎日教室で顔を合わせていたら…○○君のことをもっと知りたい！となる。そうなったら、次に起こす行動はもう決まっていますよね。メールアドレス教えてください！です。つまりは、濃いやりとりはメールでやりたい。だから、ここでメルマガをするんですね！」

　神田はそう言うと、ホワイトボードに書かれた逆三角形の顧客動線の区切られたエリアで、最期まで空白だった上から2番目の部分にメルマガと書いた。

「メールアドレスを教えてもらったら、次に何をするかというと、仲を深めて最終的にはデート（会うこと）の約束を取り付けるわけですよね。ビジネスも同じです。メールアドレスを教えてもらったら、お客様に何をするのか？　それは、『**教育**』です。お客様は選ぶべきものですし、お客様は『教育』すべきなんですね。

　では、どんな教育をするのか？　それは、あなたの問題を解決するには、こんな考え方がありますよ、こんな方法がありますよ、とひたすら、**お客様に問題解決方法を与え続ける**のです。もったいぶらずに！　ここ重要です。

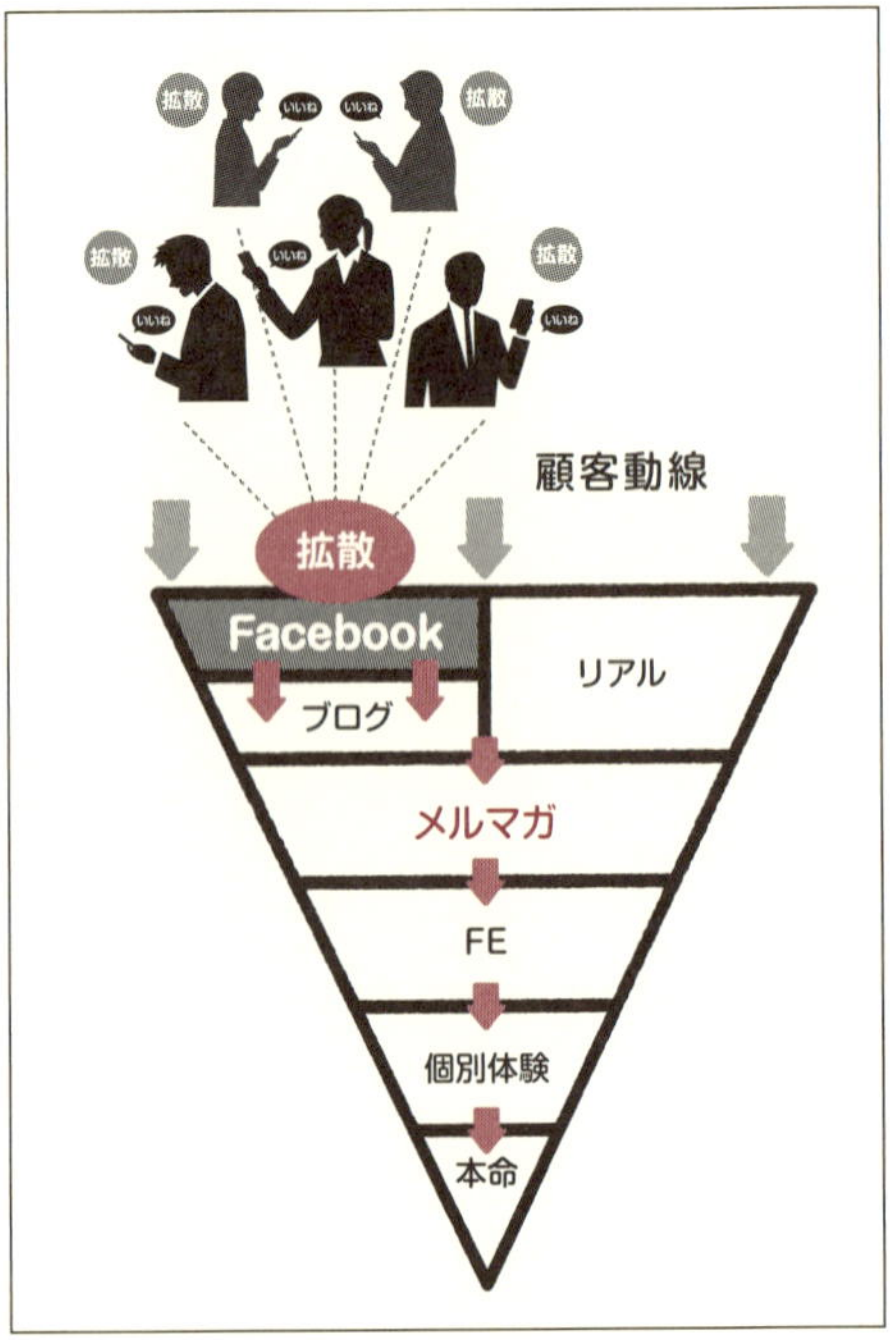

もったいぶらずに与え続ける。そうすると、お客様は毎日あなたから送られてくる熱心なメールを読み続けることで、「なるほど！」「なるほど！」「なるほど！」「なるほど！」という教育をされる。そうすると、あなたに自分の問題を解決するにはこうすればいいのか？というか、**問題意識が高いお客様から、『あなたの話を****直接聞きたい！』となる**わけです。そんな状況になったのを見計らって、あとは『メルマガ読者さん限定で1Dayセミナーやりますよ！』と投げかけてあげればいいだけですね。そうすると、フロントエンドセミナーにつながる。あとは、さっき話した通りですね」

神田が話し終えると、会場は変な静けさに包まれていた。それは、自分たちが今までなぜお客様の流れをコントロールできなかったのか、なぜ思うようにビジネスが進まないのか？　そんな疑問をすべて解決してくれるパズルが今、目の前で完成したことに呆気にとられていたとも言えるかもしれない。

そんな姿を見て神田は、「みなさん理解しましたか？」と投げかけた。参加者の表情が我に返ったのを見計らって神田は話を続けた。

「私がこれまで教えてきて、０から月収１００万円を超え、１カ月に１回旅行をする時間の自由を手に入れた起業家の方は、全員この仕組みを構築しました。そして、この顧客動線があるからこそ**『売上=収入はコントロールすることができる』**んですね。

例えば、今月は忙しいから本命商品には5名しか受け入れることができないとなったとしましょう。5名個別体験を受けてくれて、5名全員が本命商品を購入してくれるということは、最終的にはできますが、最初からは難しいので、半分くらいの確率で考えると、10名の個別体験が必要となります。フロントエンドセミナーに来てくれた8割の人が個別体験に進むと仮定すると、13名はフロントエンドセミナーに来てもらう必要がある。

こうやってお客様が流れてくるルートが明確になると、売上=収入のシミュレーションが立てやすくなるんです。常に動き回って月末締めてみて、さぁ、今月の

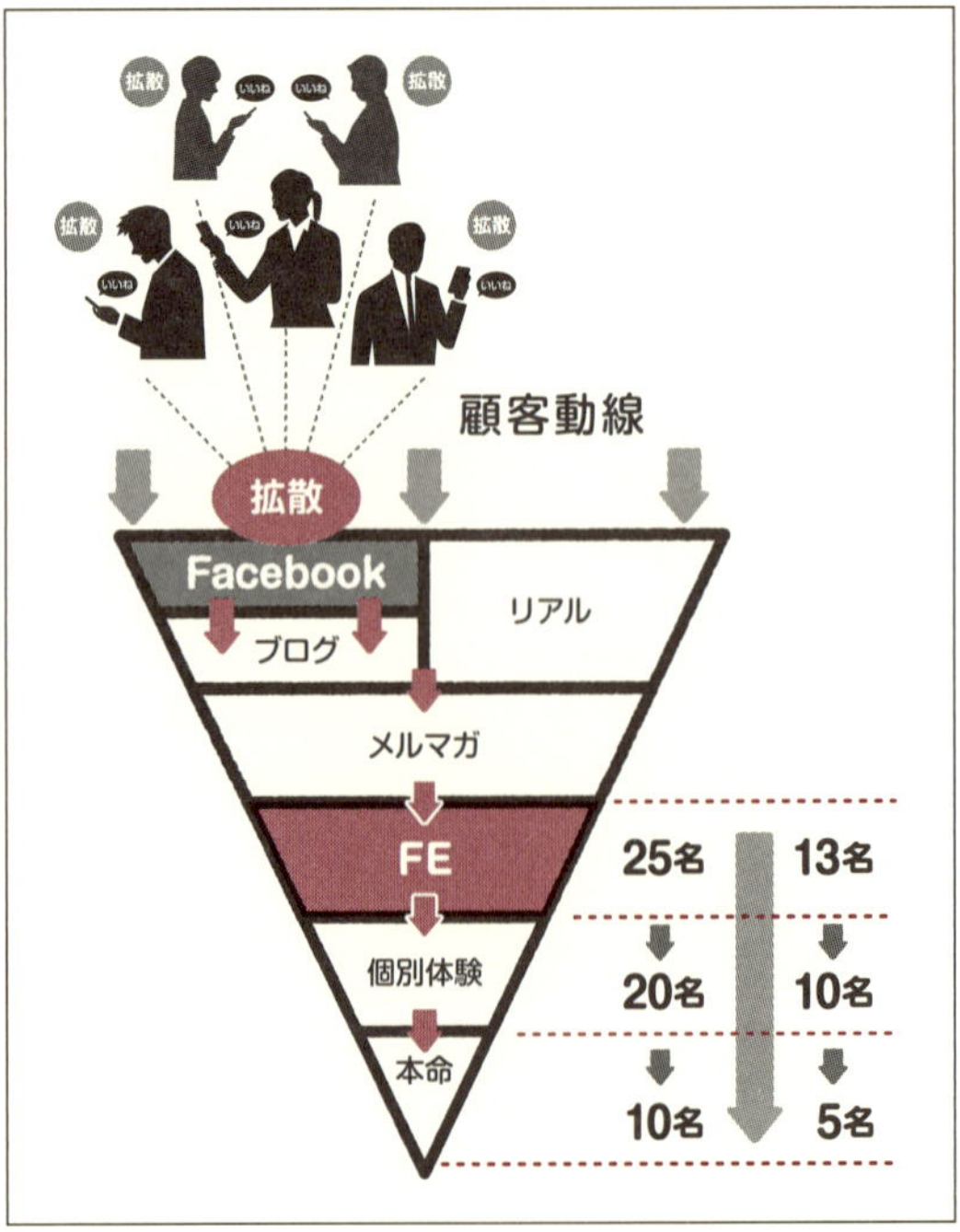

売上はいくらだった？　なんてことはないのです。この逆のパターンで、今月は余裕があるから本命には10人受け入れられる。だったら、さっきと同じ確率で考えると、個別体験は20名必要で、フロントエンドセミナーは25名必要。それだったら、フロントエンドセミナーは2回開催しよう！と計画が立てられる。だから、売上＝収入をコントロールすることができるんですね」

閉店間際のスーパーで値引きされるのを待っている生活から、好きなことで個人で活動して、月収１００万円になるために、何をしていいのかわからなかった…これが、今日、このセミナーに参加する前の鈴木の頭を悩ませていたことだった。しかし今、目の前のホワイドボードに描かれていることは、その悩みをすべて吹き飛ばしてくれるものだった

心得17
鈴木さんが閉店間際のスーパーで値引きを待っていた生活から月収100万円になるまでの

ブログはお客様の問題解決辞書である。

鈴木さんが
閉店間際のスーパーで
値引きを待っていた生活から
月収100万円になるまでの
心得 18

お客様は教育すべきである。

鈴木さんが
閉店間際のスーパーで
値引きを待っていた生活から
月収100万円になるまでの
心得 19

お客様の流れてくるルートが明確な「顧客動線」があるから、売上＝収入をコントロールすることができる。

第5章

鈴木さんは成功するために不可欠な「USP」を創りはじめた。

★SCENE 16

ホテルのラウンジ④ ――

「USPなくして成功なし!」――そのUSPって何?

神田のセミナーに参加した翌日。鈴木は、まだセミナーで体験した興奮の余韻に包まれていた。しかし、昨日1日で自分の視界が大きく開けたのは間違いない。

神田からは、セミナー終了後に、明日、午前10時に新宿の京王プラザホテルのラウンジに来るように言われていた。神田に言われた通り、鈴木は興奮冷めやらぬまま、ホテルのラウンジに来ていた。ラウンジに着くとすでに神田は着いており、ラウンジのスタッフが案内してくれた。「神田と待ち合わせだ」と伝えただけで、スタッフがスムーズに対応をしてくれるのを見ると、どうやら神田はこのホテルの常連らしい。

「おはようございます!」

鈴木が挨拶すると、神田は笑顔で鈴木に席に座るように促した。

「昨日のセミナーはどうだったかな?」

「いやぁ、一気に何をすればいいのかということがわかりました。それに、神田さんがあえて具体例を出すときに、僕がやりたいと思っているメンタルトレーナーを使ってくれたので、とてもイメージが湧きました」

「気がついてくれたみたいだな」

「はい、ありがとうございます。もう、今日から早速、顧客動線を創ることを始めたいと思います！」

そう言うと、神田はやっぱりなといった笑みを浮かべた。

「鈴木、昨日、セミナーの最後に俺がなんて話したか覚えているか？」

鈴木は、顧客動線という、自分がこれから創るべき仕組みが明確になったことに興奮して、昨日のセミナーの最後に話していた神田の話が頭からすっぽり抜けてしまっていた。

「えー…っと、なんでしたっけ？」

「やっぱりな。なんか、最後のほうは興奮して話を聞いていなかったように見えたんだよな。昨日、俺がいちばん最後に話したのは、今日の内容をしっかりと復習したうえで、必ず来月のセミナーにも参加してください。そうじゃないと、顧客動線は完全に機能しないんです。顧客動線を完全に機能させるためには何が必要なのか?ということを話しますからね。ということを話したんだよ!」

「えーっ!　そうなんですか?　まったく覚えていないです。というか、昨日、顧客動線の話を聞いてからは、もう自分が顧客動線を創ってお客様の流れをコントロールしている姿しか妄想していませんでした」

「で、なんで、今日、お前を呼んだと思う?」

「暴走して顧客動線を創りはじめないようにですか…?」

「その通りだ。昨日の話だけでは、**顧客動線を創りはじめても、あるたったひとつの理由で、絶対に失敗してしまう**んだ、絶対に。それを言っておかないと、と思ってな」

「さすが、神田さんです!　僕のことをよくおわかりで。でも、ありがとうございます。ところで、そのたったひとつの理由ってなんなんですか?」

仕方がないやつだな、といった表情で神田が話しはじめた。

「いいか。これから、鈴木がお客様にしたいと思っている人、一般の人がな、『いや〜、鈴木さんのところって、本命商品の前に、個別体験があって、その前にフロントエンドセミナーがあって、さらにその前にメルマガでしっかり教育してくれて、さらにさらにその前に辞書型のブログがあって、さらにFacebookでそれを拡散して、顧客動線が整っているから、私は鈴木さんの本命商品を選んだんですよ〜！』って言うと思うか？」

神田が鈴木に聞くと、鈴木は間髪いれずに、「いないです！」と答えた。

「そう、そんなお客様はいないいんだよ。**お客様からしたら、顧客動線が整っているか、いないかなんて、どうでもいいこと**なんだ。お客様は鈴木のことをどう見ているのかというと、鈴木のFacebookと、鈴木と同じようなことをしているAさんのFacebook。どっちがおもしろいかな……Aさん！というふうにしか見ていない。つまり、顧客動線があるかないかなんて見ていないんだ。ということはだ、仮に鈴木が顧客動線を整えたとして、よし！顧客動線も整ったから、この逆三角形の上からお客様の流れを創るぞ〜！と、入口となるFacebookをやり始めても、Aさんのほうがおもしろい！と入口の部分で負けてしまったら、顧客動線を整えてもお客様の流れは生まれないから、まったくもって意味がない。

顧客動線は絶対に必要だけど、じつは顧客動線はそれだけあっても、上手くいくわけではないんだよ。Facebookやブログなど、顧客動線のそれぞれの部分で同業者と比較された時に、鈴木が圧倒的に選ばれる理由となる《あるもの》がないとな。その《あるもの》を、個人で月収100万円を超えている人は持っているんだ」

鈴木は確かにその通りだと感じ、視界良好に思えた月収100万円の成功への道にまた暗雲が立ち込めてきたような気持ちになった。

「鈴木！　そんな微妙な表情するなよ。その顧客動線を上手く機能させるために必要な《あるもの》が何か？　という話をするために、今日こうやって時間をとったんだから」

そう言うと、神田は鈴木にノートとペンを出すように言い、再び話しはじめた。

「いいか、鈴木。この話は来月のセミナーでする内容だが、お前の性格からしたら、来月までなんて待てないだろ？　だから、今日話す。ただし、聞いたからには実行しろよ！」

神田は笑顔を浮かべながらも鈴木の目を見て強い意志をもって伝えた。鈴木もその神田の思いに応えるべく、「わかりました！　ありがとうございます！」と返した。

「個人の活動で好きなことをして、0から月収100万円にまでなったこれまで教えてきた起業家が、何を顧客動線とセットで持っていたのかというと、自分たちがお客様から一瞬で選ばれる理由、つまりは『USP』を持っていたんだ」

鈴木は神田の話を聞くと、ノートにＵＳＰとメモした。しかし、ＵＳＰという言葉は初めて聞いた言葉だった。

「ＵＳＰって知っているか？」

神田は別に今、ＵＳＰを知らなくても大丈夫、といった雰囲気で鈴木に語りかけた。

「ＵＳＰとは、Unique Selling Propositionの略だ。これは別に覚える必要はない。直訳すると、Unique＝独特の、Selling＝売る時の、Proposition＝ご提案。つまりは、売る時の唯一のご提案だ。これを、他のコンサルタントやマーケティングの教科書を見ると、だいたい意訳して「独自のウリ」と言っている場合がほとんどなんだ。

しかし、ＵＳＰを独自のウリだと思って創ってしまうと、月収は１００万円まで届かない。なぜなら、**ＵＳＰを独自のウリと捉えると、ビジネスの本質から外れてしまうからなんだ**。ちょっと、昨日の復習をするぞ！　ビジネスの本質の話、昨日も何回も出てきたよな、ビジネスとは？　というやつ。ビジネスとは、なんだっ

USPとは
= Unique Selling Proposition
= 独自のウリ
警告!
売れない
起業家の考え方
お客様への究極のお約束

け？」

鈴木は一瞬、あれ？　なんだったけ…と思ったが、すぐに答えが頭の中に浮かんだ。

「ビジネスとは、お客様の問題解決です！」

鈴木は元気よく答えた。

「そう！　ビジネスとはお客様の問題だったよな。そう捉えた時に、USPの定義が独自のウリでは、お客様の問題を解決できない場合があるんだ。例えば、独自のウリを探そう！　とすると、多くの人が今の自分にはどんなウリがあるかな？と自分の中からウリとなるものを探すんだ。

極端な例を言うよ。自分のウリを見つけた！　自分のウリは1分間で餃子を200個食べられることだ！　ということで、1分間に餃子200個食べてからメンタルトレーニングします！　でどうだ？　こんな独自のウリ、嫌だよな(笑)。そう、USPを独自のウリにしてしまうと、お客様の問題解決に関係ないものまで含まれてしまう。だから、独自のウリでは不十分なんだ。では、0から月収100万円を超えた起業家の面々には、このUSPを俺はなんと教えてきたのか。それはな、**USPとは『お客様への究極のお約束』である。**そう、USPとはお客様への究極のお約束だと教えているんだ」

鈴木はメモを続けた。

神田は鈴木のメモのスピードを見計らって話を進めた。

「じゃあ、何に対しての究極のお約束なのか。それは、私のところに来たら、あなたの問題をこう解決しますよ！というお約束。つまりは、**お客様の問題解決についての究極のお約束**だ。例えば、世界でいちばん有名なUSPはドミノピザのUSPが有名。鈴木、お前ドミノピザ知ってるか？　そして、ドミノピザのお客様への究極のお約束も知っているかな？」

鈴木からは、聞いたことがあるけど、はっきりとは覚えていないから自信がないのか、「確か、アツアツのピザを早く届けるとか……そんな感じじゃ…」と途切れ途切れで答えが返ってきた。

「そう！　それ、それ！」

神田はどんな答え方でも否定することなく鈴木を引き上げた。

「ドミノピザのUSP、つまりは、お客様への究極のお約束は、『30分以内にアツアツのピザをお届けします。お届けできなければお代はいただきません』というもの。まさに、お約束しているよな。しかも、ただ、早く届けます！　ではなく、30分以内にお届けして、お届けできなかったらお代はいただかない、という、究極のお約束だ。自宅に友達が集まって何かデリバリーを取ろう！　となった時に、デリバリーといっても、何か食べよう！　と思った時はもうすでにお腹が空いている状態。そんな時に、ピザ以外にもいろんなデリバリーがあるなかで、1つだけ『30分以内にアツアツのピザをお届けします。お届けできなければ、お代はいただきません』と言っていたらどうだろう？　変わり映えのしない同じように見えるデリバリーのピザ屋のなかで、圧倒的に選ばれる理由になる。これにしよう！と、一瞬で選ばれる。そう、USPがあると一瞬で選ばれるんだ。そして、鈴木にもこんな経験があるはずだ。ここまでやってくれるなら、少しくらい高くてもいいか！　と納得して、価格が高い商品やサービスを購入したことがあるはず。そんな経験ないか？」

そう、神田に問いかけられると、鈴木は確かに知らず知らずのうちに、ここまでしてくれるなら高くてもいいか、と思って購入した経験があった。

「確かに、あります！」

「そう、**USPがあると、まず一瞬でお客様から選ばれるし、単価を上げることもできる**んだ。USPがあることで、顧客動線を創った時に、それぞれの場所で、一瞬で選ばれ、顧客動線に沿ってお客様の流れも生まれる。つまり、USPがないと、どんなにきれいに顧客動線を整えても、Facebook、ブログ、フロントエンドセミナー、個別体験、本命というそれぞれの場所でお客様から選ばれることはできない。だから、**USPがないと顧客動線は機能しない**んだ。逆に、USPだけがあってもお客様が流れる仕組みがなければ、これまた売上につながらないから、USPだけ持っていても意味がない。USPと顧客動線。この2つが揃った時に、毎月安定して月収100万円を個人の活動で得られる仕組みができたと言えるわけだ」

「なるほど！　確かに、USPがなかったらスムーズにお客様は僕の顧客動線を進んでくれませんね。で、神田さん！」

「ん？　なんだ？」

「その肝心なUSPって、どうやって創るんですか？」

「そうだな。じゃあ、今日はUSPの創り方まで教えよう」

神田はそう言うと、紙とペンを取り出した。

鈴木さんが閉店間際のスーパーで値引きを待っていた生活から月収100万円になるまでの心得20

USPがない顧客動線は機能しない。

鈴木さんが閉店間際のスーパーで値引きを待っていた生活から月収100万円になるまでの心得21

USPとはお客様への究極のお約束である。

★SCENE 17

ホテルのラウンジ⑤ ——

会社員から起業・独立して成功するために不可欠なUSPの創り方

神田は紙とペンを出して、その紙に「3秒で選ばれるUSP創造4ステップ」と書いた。

「本当のUSPの創り方。これは、実際に俺がこれまで育ててきた、月収100万円を超えてきた起業家のUSPを考えた時と同じステップだ。そして、考えているより、USPを創るのはとてもシンプルなんだ。ステップは4つ」

神田はそう言うと、ステップ1「たった1人の理想のお客様を決める」と紙に書いた。

「まず最初のステップ。それは、たった1人の理想のお客様を決めること。鈴木は、よくターゲットを絞りなさい、ってこと聞いたことないか？」

「あります！」

「じゃあ、なんでターゲットを絞る必要があるんだ？」

「えっと、ターゲットを絞ると、その人に発信する情報やメッセージが刺さったり、振り向かせることができるから、ですか？」

「……って、みんな答えるんだよな」

神田はそう言うと、やっぱりその答えが出てきたかと言わんばかりに話を続けた。

「冷静に考えてみろよ。ターゲットを絞るとその人を振り向かせることができる？　鈴木さぁ、学生の頃とか、まぁ、今でもいいけどな。好きな人って1人に絞るよな？」

「はい、そうですけど」

「好きな人を1人に絞ると、その人が100％振り向くような言葉が思い浮かんで、そしてその言葉が相手に刺さり、いつも振り向かせることできたか？」

「いや、それはないです。というか、振り向いてくれないことのほうがほとんどです」

「だよな。じゃあ、なんでビジネスではターゲットを絞ると、相手を振り向かせることができるような言葉が思い浮かぶんだ？　そしたら、恋愛だって苦労してないはずだろ？」

「確かに、そう言われてみると、そうですね。なんか、ターゲットを絞るといいということばかり聞いていたから、そういうものなんだなと、いつしか勝手に信じ込んでいました」

「俺も最初はそうだったんだ。まだ駆け出しの頃、いろんな人の話を聞くと、ターゲットを絞ったほうがいいという話が出てくる。でも、なぜターゲットを絞ったほうがいいのか？　と聞くと、いつも、ターゲットを絞るとその人に刺さる発信ができる、というような回答が返ってくるんだ。でも、俺のなかでは全然腑に落ちなくて、自分自身でいろいろと研究、検証していたら、やっぱり答えは本質にあったんだ。

なぜ、ターゲットを絞るのか？　それはビジネスをするうえでターゲットを絞るんだよな？　ということは、お客様の問題解決をするために絞る。つまりは、お客様が抱えている問題をより具体的に考えられるために絞るということ。例えば、俺のところに相談に来る人でよくあるのが、ターゲットは20代から40代の女性です、という人。でも、20代から40代といったら、スタートは20歳で後ろは49歳。20歳と49歳の女性が抱えている日常での問題ってまったく一緒だと思うか？」

「いや、さすがに全然違いますね」

「そうだろ。さらに言えば、20歳から49歳までの女性全員が抱えている問題はなんだろう？　と考えるのと、28歳の独身の女性で、彼ともう2年間同棲していて、大学時代の仲良し4人グループでついに結婚していなかった自分ともう1人の友達のうち、もう1人が結婚してしまい、そろそろ彼もプロポーズしてくれてもいいはずなのにと思っている女性が抱えている日常での問題。と考えると、どちらがより具体的な、お客様が抱えているリアルな問題を想定することができる？」

「それは、明らかに後のほうですね」

「そう。そして、ここが最も大切。なぜターゲットを絞るのか？　これの本当の意味は、**お客様の抱えている問題をより明確に、リアルに想定する**ため。だから、ターゲットを絞る必要があるんだ。そして、絶対的に勘違いしてはいけないこと。しかも世の中の個人で活動している人の99％が間違ってはいけないところで、間違っている部分。つまり、ほとんどの個人で活動している起業家が年収200万円未満になってしまっているいちばんの根本的な勘違い。それは、何かというと、ターゲットを絞ったら、その絞ったターゲットを狙ってアプローチをしてしまっていること。これをやると本当にターゲットを絞っているから、ビジネスの規模も縮小する」

「神田さん、ちょっと待ってください！　**ターゲットを絞っているのに、絞ったターゲットにアプローチしちゃダメなんですか？**」

「そうだ。さっきの例で言うなら、28歳の女性に設定したからといって、28歳の女性に向けて自分のビジネスを発信したり、組み立てたりしてはいけない。なぜなら、ビジネスとは？」

　神田が目配せをして鈴木に答えを求めると、鈴木はすぐさま答えた。

「お客様の問題解決です！」

「であるならば、我々がアプローチするのは人ではなく、『問題』なんだ。28歳の女性はあくまでも、お客様のリアルな問題を抜き出すために設定しただけ。**我々がアプローチするのは28歳の女性ではなく、そこから抜き出した問題**。問題にアプローチして、私はお客様のAという問題を解決しますよ！　と言えば、28歳だろうが52歳だろうが、36歳だろうが男性だろうが、Aという問題を抱えている人は全員お客様になるんだ。

　お客様が抱えている、よりリアルな問題を抜き出す。そのためにお客様を絞る。1人に絞ってお客様のよりリアルな問題を抜き出したら、抜き出した問題を解決しますよ！　と『問題』にアプローチをする。じつはターゲットを絞るということとは、ターゲットが広がるということでもあるんだ」

　まさに腑に落ちるというのはこのことか、といった感覚を鈴木は味わっていた。

「話を元に戻すな。今、何の話をしていたのかというと、本当のUSPは4つのステップで創れるという話。そして、そのステップの1つめが『**たった1人の理想のお客様を創る**』ということだった。で、今はなぜお客様を1人にするのか？という話をしてたわけだ。

　ちなみに、いつもここで、どんな人をたった1人の理想のお客様に設定すればいいんですか？　とよく質問されるんだが、鈴木はどんな人をたった1人の理想のお客様に設定すればいいと思う？」

「そうですね。やっぱり、自分のサービスを必要としてくれていそうな人ですか？」

「その考え方ももちろんOKだ。でも、個人で活動して安定的に月収100万円以上を稼いでいる人は少し違う設定の

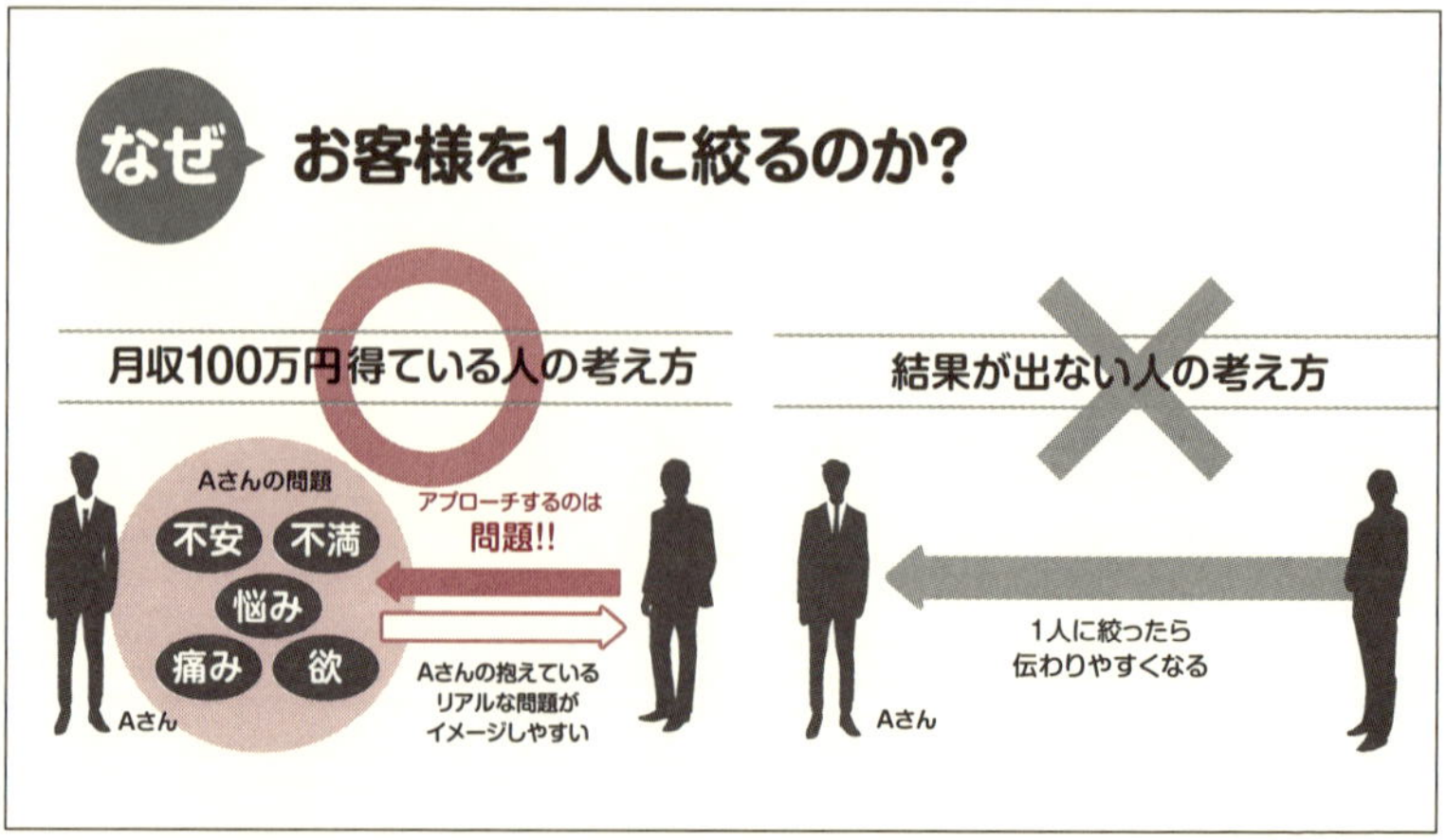

なぜ
お客様を1人に絞るのか？
月収100万円得ている人の考え方
Aさんの問題
不安
不満
悩み
痛み
欲
Aさん
アプローチするのは
問題!!
Aさんの抱えている
リアルな問題が
イメージしやすい
結果が出ない人の考え方
1人に絞ったら
伝わりやすくなる
Aさん

仕方をしているんだ。どんな人をたった1人の理想のお客様にしているのかというと、それは、売れそうとか、そうではなくて、**『この人が月に100回来てくれたらめちゃくちゃ嬉しい！』という人を勝手に創りあげて、たった1人の理想のお客様に設定しているんだ**」

「それって、実在していなくてもいいってことですか？」

「そうだ。実在していなくてもいいし、実在しているお客様を何人か合わせた人物を妄想で創り出してもいい。とにかく重要なのは、売れそうとかではなくて、自分が提供するサービスを月に100回この人に提供できたら最高！ という人を設定しなさい。そう、教えているんだ」

「とにかく一緒にいて楽しい人ですね」

「その通り。なんでかというと、誤解を恐れずに言うのであれば、月100万円稼ぐことはそんなに難しいことではないし、鈴木を3カ月後に月収100万円にすることは、俺からしたら全然難しいことではない。ただ、**『毎月』**月収100万円を上げ**『続ける』**ことは難しい、となった時に、自分のビジネスが楽しくないと続かないんだよ。その自分のビジネスの楽しさを左右するのが、お客様なんだ。だから、たった1人の理想のお客様は月に100回来てもらいたいくらい好きな人。これが継続して月収100万円以上稼いでいる個人の起業家がしている秘密の1つでもあるんだ。いいかな？」

「わかりました！」

「じゃあ、今から早速ここで、鈴木のたった1人の理想のお客様を創ってしまおう」

「はい！」

「今から、俺が鈴木のたった1人の理想のお客様はどんな人かいくつか質問をするから、その質問の答えをそのノートに全部書き出してみるんだ。ＯＫ？」

「わかりました！」

「じゃあ、早速いくな。月に100回来てもらいたいくらい鈴木のたった1人の理想のお客様がどんな人か教えてください。たった1人の理想のお客様の年齢は？　1人だから30代とかではなく、31歳とか34歳とか、明確にな」

そう神田は言うと、鈴木のたった1人の理想のお客様を創るために、次のような項目について質問をした。

- 年齢
- 性別

・職業
・既婚、未婚
・家族構成
・どんな仕事をしているか？
・どんな性格か？
・好きなテレビ番組は？
・よく見る雑誌は？

神田は鈴木が書き上げてできた、たった1人の理想のお客様を読み上げるように言った。

「僕のたった1人の理想のお客様は、28歳独身の男性、一人暮らし。大手損害保険会社の営業をしていてトップクラスの営業成績を残していたが、自分で何かやりたいと会社を辞めたばかり。性格は、負けず嫌いで、プライドも高い。その反面、温和なところもあり、人の話を聞くのが上手い。かなりのポジティブ思考。自分の得たい結果に対してはものすごく努力ができる。心やメンタルサポートをする人になっていきたいと思っている。今はとりあえず会社を辞めた直後1カ月、という状況。コーチングスクールに通いはじめた。好きなテレビ番組は情熱大陸、アナザースカイ、しくじり先生。雑誌は、ジャンプ、マガジン、サンデーを立ち読みする。こんな感じです」

鈴木が神田の質問によって創りあげられたたった1人の理想のお客様は、これまで鈴木がしたことがあるターゲットを設定するのとは比較にならないほど、明確だった。

「これで本当のUSPを創る4ステップのステップ1は完了だ！　では、ステップ2。ステップ2は、『お客様の問題を抜き出す！』だ。今は、USPを創るためのステップを進んでいるんだよな？　はい、USPとはなんだっけ？」

神田の抜き打ちでの質問に鈴木は言葉が詰まった。

「えっ…と」

その様子を見て神田が鈴木にヒントを渡す。

「お客様への？」

「あっ、お客様への究極のお約束です！」

「その通り！　本当のUSPとはお客様への究極のお約束だ。なんのお約束かというと、お客様の問題解決についての究極のお約束。ということは、もちろんお客様の問題を書き出さないとUSPは創れないわけだ。ということで、ステップ

1で創り出した、たった1人の理想のお客様の抱えている問題を100個書き出してみよう！」

「えっ、100個もですか!?」

「今まで教えてきた月収100万円という収入を獲得した個人の起業家はみんなやってきたぞ！」

「そうなんですね…」

「なぜ100個も書き出すのか？　それはな、この言葉がすべてだ。ビジネスとは？」

「**お客様の問題解決です！**」

「その通り、ビジネスとはお客様の問題解決である。で、あるならば、お客様の問題をより多く把握している者が勝つわけだ。といっても、じゃあ、お客様の抱えている問題はなんだろう？　という感じで100個書き出すのはちょっと難しいかもしれない」

「ちょっとじゃなくて、けっこう難しいとすでに感じていますよぉ」

「でも、これまで教えてきた起業家たちは、30分もあれば100個なんて、すぐに書き出していたぞ。もちろん、そこにはコツがあるんだけどな」

「コツがあるんですか?」

「お客様の抱えている『問題』ってなんだろう? と考えて100個出すのは確かに大変かもしれない。だから、俺はお客様の問題を6種類に分けたんだ。この6種類あるお客様の問題を知るだけで、お客様の問題を100個書き出すなんて30分もあればできるようになるんだ。今からそのお客様の問題を6種類言うから、メモしろよ!」

神田はそう言うと、鈴木がメモをする準備ができたのを確認して話しはじめた。

「いいか、お客様が抱えている問題、6種類。1つ目は、『不安』だ。2つ目は、『不満』、3つ目は、『悩み』、4つ目は、『痛み』、5つ目は、『解決したい問題』、そして、最後が、お客様の問題、というとみんな見落としているんだけど、いちばんお客様の食いつきがいい、『満たしたい欲』。不安、不満、悩み、痛み、解決したい問題、満たしたい欲。この6つの視点でお客様のことを考える。どんな不安を日常で感じているだろうか? そこで思いつくこと、わかることを書き出す。書き出したら、次はどんな不満を日常で感じているだろう? と考えて書き出してみる。この感じで6つの視点を書くと、1つの視点で15個前後書き出せば100個は簡単に到達する。そう考えると、100個抜き出すということは、そこまで大変なこ

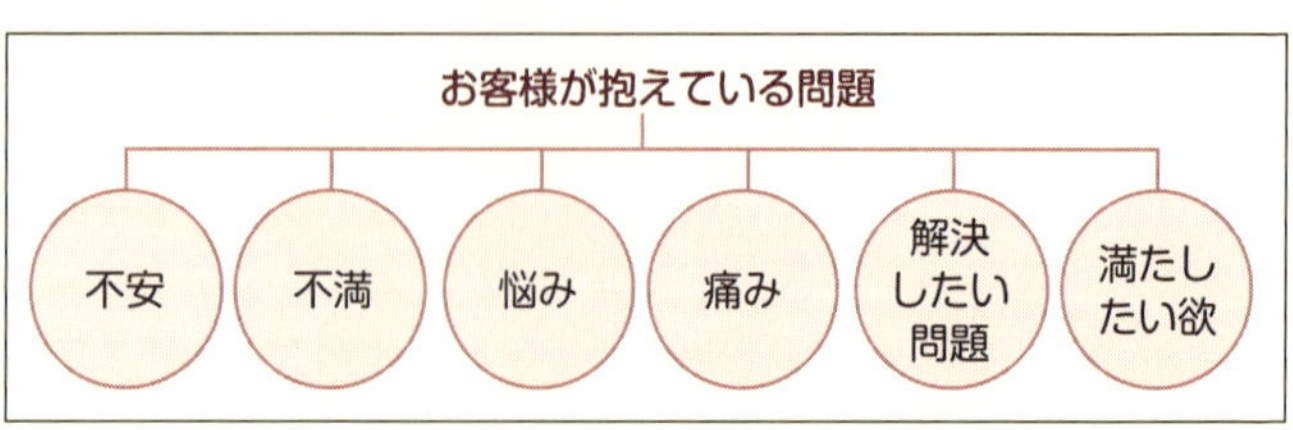

とだとは感じないだろ？」

「そうですね！　ちょっと見方を変えるだけで全然できそうです！」

「そしたら、今から1時間あげるから、ランチしながらお客様の問題を１００個書き出してきな。ランチ休憩後に残りのステップを教えてやるから！」

「わかりました！　僕のために時間をとっていただきありがとうございます！

それじゃあ、１００個書き出してきますね」

　鈴木はそう言うと荷物をまとめてラウンジをあとにした。その足取りは軽やかで、着実に好きなことで月収１００万円という収入を得る！　という自分で決めた成功に少しずつだけど近づいている、そんなことを実感しているかのようだった。

心得22
鈴木さんが閉店間際のスーパーで値引きを待っていた生活から月収100万円になるまでの

ターゲットを絞るのは、よりリアルなお客様の問題を抜き出すため。

鈴木さんが
閉店間際のスーパーで
値引きを待っていた生活から
月収100万円になるまでの
心得23

ターゲットを絞っても、人にアプローチしてはいけない。
アプローチするのは、人ではなく、問題である。

鈴木さんが
閉店間際のスーパーで
値引きを待っていた生活から
月収100万円になるまでの
心得24

お客様の問題は6種類ある。
不安、不満、悩み、痛み、解決したい問題、満たしたい欲。

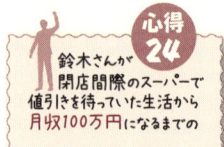

★SCENE 18

ホテルのラウンジ⑥ ——

USPを手に入れて成功した人を知っているかい？

1時間後、鈴木は神田が待つ京王プラザホテルのラウンジに戻ってきた。

お客様の問題は6種類。不安、不満、悩み、痛み、解決したい問題、満たしたい欲 —— 神田からお客様の問題が6種類あるという視点を教えてもらうまで、お客様の問題を100個も書き出すなんて何日かかるのか…。そう思っていた鈴木だが、神田から『考え方』を教えてもらっただけで、100個書き出すのに30分もかからなかった。おかげで、ランチタイムもゆっくり過ごすことができた。

「神田さん、アドバイスありがとうございました。お客様の問題100個書き出せました！」

「素晴らしい！　じゃあ、続きの話をしようか」

神田はそう言うと鈴木に座るよう促した。

「お客様の問題を100個書き出すのは、本当のUSPを創り出すためにしていること、それは覚えているよな？」

「はい、大丈夫です」

「じゃあ、ちょっと復習。ＵＳＰとはなんだっけ？」

「さすがにもう覚えましたよ！　お客様への究極のお約束です」

気がつくと、鈴木は確実にひとつずつ知識が身についていることを実感していた。これは神田が執拗なまでに重要なことを何度も質問し、それに答えさせるというスタイルで接してくれているからだろうか。これもまた神田の元で多くの個人起業家が０から月収１００万円を超える収入を得ることができている秘訣のひとつなのかもしれない。

「ＯＫ！　素晴らしい。では、その本当のＵＳＰ、お客様への究極のお約束を創り出すための４つのステップ、３つ目のステップにいくな。３つ目は、『Ａｆｔｅｒ像を創れ！』。

ステップ２で書き出したお客様の問題１００個を見渡すと、表現は違えど、何度も同じような問題が出てくることがわかる。それが今、鈴木のお客様が最も解決したいと思っている問題であり、鈴木が問題解決してあげたいと思っているものでもある。鈴木がメンタルトレーナーとして活動するにあたり解決する問題を

1つに決め、そして、その問題を抱えているお客様が鈴木のサービスを受けると『どうなるのか?』、これを明確にする。これが3番目のステップだ。といってもわかりにくいから、具体的に一緒にやっていこう。じゃあ、まずはステップ2で書き出したお客様の問題を見ていこうか！　ちょっと見せてもらってもいいか?」

そう言うと神田は、鈴木がランチタイムに書き出してきたお客様の問題をひとつひとつ確認しはじめた。

「たった1人の理想のお客様は、28歳独身の男性、一人暮らし。大手損害保険会社の営業をしていてトップクラスの営業成績を残していたが、自分で何かやりたいと会社を辞めたばかり。性格は、負けず嫌いで、プライドも高い。その反面、温和なところもあり、人の話を聞くのが上手い。かなりのポジティブ思考。自分の得たい結果に対してはものすごく努力ができる。心やメンタルサポートをする人になっていきたいと思っている。今はとりあえず会社を辞めた直後1カ月、という状況。コーチングスクールに通いはじめた。好きなテレビ番組は情熱大陸、アナザースカイ、しくじり先生。雑誌は、ジャンプ、マガジン、サンデーを立ち読みする。だったよな?」

「はい、そうです」

鈴木がそう答えると、神田は一瞬にして鈴木が書いたお客様の問題を確認することに集中しはじめていた。

少しの間、沈黙の時間が流れ、神田が口を開いた。

「なるほどな。鈴木が思う、この28歳の会社を辞めたばかりの独身の男性が今いちばん解決したい問題はなんだと思う？」

「そうですね。僕が思う、この人がいちばん解決したいと思っていることは、これから自分が個人で稼げるようになる道筋を示してくれる人が欲しい、無収入になったからといって生活水準を落としたくない、好きなことをして収入を増やしたい。このあたりだと思います」

「うん、いいと思う。俺もそうだと思うよ。じゃあ、ここで本当のＵＳＰを創る4ステップのうちのステップ3。そんな問題を抱えている人が、鈴木のメンタルトレーニングを受けたらどうなる？　つまり、Ａｆｔｅｒ像だな」

「そうですね。生活水準を落とさなくてよくなるし、収入も増えると思います」

「なるほど。ちなみに、なんでメンタルトレーニングを受けると、生活水準を落とさなくても大丈夫になるんだ？」

神田は少し不思議に思い、鈴木に聞いた。

「僕自身がそうだったからです。神田さんとお鮨を食べに行った時に話したと思うんですけど、僕自身がメンタルトレーニングを知って、まずは試しに自分が受けてみたらすごい出来事が起きたって話したの覚えていますか？　その時のテーマは、じつは何か始めるためにお金を貯めたい、というテーマだったんです」

神田は、鈴木とお鮨を食べに行った時に、メンタルトレーニングを受けてすごい出来事が起きたこと、それと会社を辞めるにあたり貯金をしていたという話をしていたのを思い出した。

「会社を辞めるためにお金を貯めたい。そんなテーマで僕もメンタルトレーニングができるのか？　というか、有効なのかな？　とか思ってたんですけど、3カ月後に本当にお金が貯まっていたという経験をしたんです」

「そうなのか！　それはすごいし、USPを創るうえでもいいポイントになるな！」

「そうなんですか？」

「よし、それじゃあ、なぜその体験が役に立つのか、USP創りの続きの話をしながら解説していこう。」

今、ステップ3で、たった1人の理想のお客様である28歳の独身の男性が、鈴木のサービスを受けると、どうなるかというａｆｔｅｒ像を書き出したな。ステップ1で、たった1人の理想のお客様を創り、ステップ2でお客様の問題を抜き出す。ステップ3で、サービスを受けたらどうなるか？　というａｆｔｅｒ像を明確にして、そして最後のステップ4。ステップ2からステップ3に変化する、いわゆるｂｅｆｏｒｅ→ａｆｔｅｒ像を「究極のお約束化」する。ドミノピザだったら、お腹が空いていて早く食べたい！　というｂｅｆｏｒｅ像から、ピザが早く届く！のａｆｔｅｒ像だ。これを究極のお約束の形にすると、早く届く！　の究極が30分以内に、お約束をお届けします。という形になるな。さあ、これを鈴木に置き換えてみるとどうなるかな？」

「なるほど～　ですけど、これは…うーん」

鈴木は最後のステップ4「究極のお約束化」するということは理解したが、実際に自分で究極のお約束を、しかも、整った言葉にまとめる難しさを瞬時に感じていた。

「収入が増えるメンタルトレーニング…じゃ、なんか違う感じもしますし、生活水準を落とさない人生…なんか格好悪いですね（笑）」

「ここがいちばんのポイントになるな。before→after像を言葉としてまとめることができるか。まっ、ほとんどの人がここでう〜んとなるんだよな。そんなにすぐに思い浮かぶということもないだろうから、ここはじゃあ、宿題にするかな」

神田はそう言って、ここを乗り切ればいよいよ本格的なスタートを鈴木が切ることになることを想像し、それを楽しみにする気持ちになっていた。

「神田さん！　少しだけヒントもらえませんか？」

鈴木も自分自身のUSPがこれで完成すればまた大きく前進することがわかっていたが、どうにもきれいにまとまった言葉で自分自身のUSPを生み出す自信がなく、神田になんとかヒントだけでもと食らいついた。

「仕方がないなー。じゃあ、俺がこれまで創り出したUSPの一部を教えてやるか。しかも、**今もなお継続して月収100万円以上の人気の個人起業家のUSPを**」

「ぜひ、お願いします！」

神田は次の実在する起業家のUSPを例示した。

●お菓子マニアの短期留学　日本でサロンドショコラ5つ星のテクニックを3カ月で習得　スイーツプロフェッサー　川路さとみさん

●悩みを整理することは、未来を整理すること。3カ月で理想のあなたを実現する未来シフトコーチング　未来シフトコーチ　鈴木実歩さん

●20代の軽いカラダに変わるカラダ調整！　美人体調整師　はらりこさん

●あの先生のサロンに通いたい！　3カ月で憧れの先生に変わる！　格上げスピーチ&ファッショントレーニング　冨澤理恵さん

●3カ月で自分で自分を幸せにする方程式！　ダイヤモンドルートコーチング　ダイヤモンドルートコーチ　河村知絵さん

「ひとまず、この5人を参考にしてみるといいかな。あまり多すぎても混乱するだろうから。今日教えた本当のUSPを創り出す4つのステップと、このすでに自分の好きなことをビジネスとして成功している先輩の5つのUSPを参考に、鈴木のUSPを考えてごらん。そして、自分のUSPが完成したら、俺と答え合

わせをしよう！　ＵＳＰが完成したら、いよいよあとは実践だ！」

鈴木さんが閉店間際のスーパーで値引きを待っていた生活から月収100万円になるまでの
心得25

《3秒で選ばれる「本当のＵＳＰ」を創る4つのステップ》
ステップ1　たった1人の理想のお客様を創る
ステップ2　たった1人の理想のお客様の問題を抜き出す
ステップ3　お客様の最も解決したい問題の
before→after像を創る
ステップ4　before→after像を究極のお約束化する

鈴木さんが閉店間際のスーパーで値引きを待っていた生活から月収100万円になるまでの
心得26

ＵＳＰを創るには、
すでにＵＳＰを持って成功している人を参考にする。

★SCENE 19

大学時代の友人との食事会――

スランプを抜け出すために気がついたこと

鈴木はスランプに陥っていた。あとはUSPができてしまえばいよいよ実践あるのみ！　と神田から言われてから、早くも3週間が経とうとしていた。

「まったくUSPが思いつかない…」

そうこうしているうちに時間はどんどん過ぎていった。

「収入があがるメンタルトレーニング。確かにそうではあるけど、全然これじゃ魅力的じゃない…。もぉー、なんかいい言葉、降りてこないかな！」

この繰り返しだった。

「神田さんに教えてもらった4つのステップでUSPを創ろうとしているのに、なんで上手くいかないんだ。本当にこの方法でできるのかな…」

そんなスランプの状況で時間だけが過ぎていくなかで、鈴木は大学時代の友人と食事に来ていた。懐かしい友人との会話が盛り上がって1時間ほどたった頃、友人が言った。

「そう言えば、鈴木、お前、会社辞めたんだってな！」

「そうなんだ。このまま会社員をしていても、自分が50、60歳になった時に自分の人生でこれをした！というものが残らないと思ってさ。自分の人生の時間は自分のやりたいことに使おう！と思って辞めたんだ」

そう話す鈴木に、友人は大学時代のことを思い出しながら話し出した。

「まぁ、お前が何をやろうとしているのかはわからないけど、お前なら何をしても大丈夫だと思うよ。今だにはっきりと覚えているけどさ、大学に入ったばかりで、お前とも出会ったばっかりの時に、経営学かなんかのレポートの課題が出されてさ。その時に提出は2カ月くらい先だったのに、お前が1週間くらいで終わらせてとっとと提出したのを見て驚いた俺に、何て言ったか覚えているか？」

鈴木はそんなことあったかなと記憶をたどるように返事をした。

「そんなことあったっけか？」

「その時、俺がお前に、『2カ月も先なのに、もう提出したのかよ、すごいな！』って言ったら、お前は『**自分で期限を切らないと先送りにして、いつまでもやらないから、自分で期限を決めて終わらせた**』って言ったんだよ。その時、あっ、こいつなんかすごいなって思ったのを覚えているよ」

「えっ！　今なんて言った？　僕がその時なんて言ったたって？」

鈴木は友人が話した言葉のなかに、今のスランプから抜け出すヒントを見つけたように感じた。

「だから、お前は『自分で期限を切らないと先送りにして、いつまでもやらないから、自分で期限決めて終わらせた』って言ったんだよ」

「ありがとう！」

「どうしたんだ、急に？」

友人が不思議がるなかで、鈴木には「なぜ自分がスランプに陥っていたのか？」ということがわかっていた。

「期限を決めていなかったんだ！」

鈴木は神田からヒントをもらい、「完璧な自分のUSPを仕上げないといけない」と思い込んでいた。その思い込みから「完璧な自分のUSPができたら神田に会いに行こう」とさらに思い込み、いつまでたっても「完璧なUSPが出来上がらないから神田に会いに行かない」。自分のことを導いてくれるガイドとの交信が途切れれば、登山だったら遭難するし、そりゃあスランプにも陥るわけだ。

完璧じゃなくても、自分でいつまでにＵＳＰを創ると期限を決めて、その期限内にもらったヒントで今の自分にできる最大限のものを創り、相談しに行けばいいだけだったんだ…。

「ありがとうな、霧が晴れたよ！」

鈴木は友人にそう言うと、「今日は僕に奢らせてくれ！」と伝票を手にした。

心得27
鈴木さんが閉店間際のスーパーで値引きを待っていた生活から月収100万円になるまでの

期限を決めて、その日までに仕上げる。
期限を決めないで活動するのは、
提出期限がない夏休みの宿題をやるようなもの。
夏休みの宿題に提出期限がなかったら…やらない。

★SCENE 20

高層ビルのオフィス③

究極のお約束化――鈴木のUSPついに出来上がる!

2日後、鈴木は神田のオフィスに来ていた。

「おっ、なんか久しぶりだな!」

鈴木も神田の顔を見ると、なんだか半年以上会っていないような感覚だった。

「遅くなってすみませんでした。でも、その間に重要なことに気がつきました。期限を決めないで作業を進めると、いつまでたっても完成しないということを。あと、完璧なものじゃないと神田さんに相談しちゃいけない、と思い込んでいたとか…」

神田はそう話す鈴木を見て、何も連絡がなかった3週間の間に鈴木は鈴木なりに「気づき」があったんだなということを感じ取った。

「素晴らしい気づきじゃないか! 本当にその通りだな。提出期限がない夏休みの宿題はなかなか仕上げられないのと同じだな。そして今、鈴木が言った、完璧なものじゃないと相談できない、というのも多くの個人で活動する起業家が陥る罠なんだよな。そんな最初から完璧なものなんてできるわけないのに。だからといって手を抜いていいというわけでもなく、**決めた期限のなかで最大限努力をして仕上げたもので相談する**。そして、さらに磨き上げる。これの繰り返しなんだ。そして、それが最短で成長するメンターとの付き合い方でもあるんだよ」

神田にはすべてお見通しだったようだ。

「よし！　それじゃあ、早速、本題の鈴木のUSPについての答え合わせといこうか！」

「はい、よろしくお願いします！」

「じゃあ、ちょっと復習な。USPは独自のウリではなく、お客様への究極のお約束であるということはOKだよな。で、その本当のUSPは4つのステップで創れるということも教えた。まずはステップ1はなんだっけ？」

「はい、たった1人の理想のお客様を創ることです」

「OK！　じゃあ、鈴木のたった1人の理想のお客様をもう一度教えてくれるか？」

「はい。僕のたった1人の理想のお客様は、28歳独身の男性、1人暮らし。大手損害保険会社の営業をしていてトップクラスの営業成績を残していたが、自分で何かやりたいと会社を辞めたばかり。性格は、負けず嫌いで、プライドも高い。その反面、温和なところもあり、人の話を聞くのが上手い。かなりのポジティブ思考。自分の得たい結果に対してはものすごく努力ができる。心やメンタルサポートをする人になっていきたいと思っている。今はとりあえず会社を辞めた直後1カ月、という状況。コーチングスクールに通いはじめた。好きなテレビ番組は情熱大陸、アナザースカイ、しくじり先生。雑誌は、ジャンプ、マガジン、サンデーを立ち読みする。男性です」

「OK！　じゃあステップ2、この28歳の独身の男性が抱えている問題で、最も解決したいと思っていることはなんだ？」

「はい。この28歳の男性が解決したいと思っていることは、これから自分が個人で稼げるようになる道筋を示してくれる人が欲しい、無収入になったからといって生活水準を落としたくない、好きなことをして収入を増やしたい、ということです」

「なるほどな。じゃあ、次はステップ3。この問題を抱えているこの28歳の独身の男性が鈴木のサービスを受けるとどうなる？」

「はい。仕事を辞めたからといって生活水準を下げなくてもいい状態になります」

「うん、うん。ＯＫ！　じゃあ、最後。ステップ４。ｂｅｆｏｒｅ↓ａｆｔｅｒ像を究極のお約束化するとどうなる？」

「はい。一応、今の自分のなかで精一杯まとめてきた感じのものなんですが、それでもいいですか？」

鈴木は期限を決めて、その間に最大限のものを創り上げて相談することが大事である！　ということに気がついたものの、やはりＵＳＰとして言葉にまとめたというところには自信がなかった。

「もちろん、ＯＫだ。どんな言葉でまとめた？」

神田は優しい声で鈴木が言いやすい雰囲気を作ってくれた。

「はい。私が候補として考えた私のメンタルトレーニングの究極のお約束は、『夢を叶えて収入が増えるメンタルトレーニング』です」

「なるほど、悪くないじゃないか！　もっとよくなるな〜。いくつか質問してもいいか？」

「はい、お願いします」

「収入が増えるっていうのはどれくらい増えるのかな？」

神田の的確な質問に一瞬、鈴木の喉が詰まった。

「そうですね…。いくらってことは、その人じゃないとなんとも…」

「メンタルトレーニングで収入が増えるのは、確か実体験だったよな？」

神田は鈴木と久しぶりに再会した後に、お鮨を食べながら鈴木が話していた、初めて鈴木自身がメンタルトレーニングを受けた時のテーマが「会社を辞めるためにお金を貯めたい」という内容であったことを覚えていた。

「そうです！　収入が増えたというより、その時は貯金が増えたんですが…」

「ちなみに、どれくらい貯金は増えたんだ？」

「元の3倍くらいです」

「3倍!?」

「はい。僕のやるメンタルトレーニングって、ただ単に強い精神力を創るだけではなくて、自分が成し遂げたい状況のイメージを創ったり、そこに近づくための行動計画を立てたりするんです、そんな感じで3カ月したら貯まっていました」

「なるほどね！　だいたいわかった。ちょっと待ってもらっていいか？」

神田はそう言うと、ノートパソコンを開き、作業を始めた。Ｗｅｂのサイトを開いてスクロールしたり、タイピングをしたり、さらにはスマートフォンを取り出してなにやら過去にメモをしたものを確認したりしている。鈴木からは神田がいったい何をしているのかは検討がつかなかった。そんな時間が10分ほど経った。

「よし、できた！」

神田が突然発した言葉に鈴木はビクッと驚きながらも、何ができたのだろうかと思った。

「何ができたんですか？」

神田はニヤッと笑顔になり、答えた。

「何がって、鈴木のUSPだよ！」

「えっ？　僕のUSPですか？」

「そう、前に話しただろ？　俺の教え方は答え合わせスタイルだって。だから、もう俺のなかで鈴木のUSPは準備してあったんだ。でも、最後にさっき鈴木のUSPを創るのに最高のエピソードがあったから、ちょっと修正をしてたというわけです。ということで、俺が創った鈴木のUSP、知りたいか？」

「知りたいに決まっているじゃないですか！　えー、なんですか？」

「まずは、誰に対してのUSPなのか。鈴木がやろうとしているのは、28歳の独身の男性。会社を辞めた直後で、やる気もあるし、能力も高いし、努力もできる。

鈴木のように好きなことをして自由になって、収入を増やしたいと思っている。

会社を辞めて無収入になった。でも生活水準を落としたくはない。夢も叶えたい。

そんな状況の28歳の独身の男性だよね？」

「そうです！」

「で、そんな28歳の男性が、鈴木のメンタルトレーニングを受けるとどうなるんだっけ？」

「夢も実現できますし、生活水準も落とさずにすみます」

「…っていうのを究極のお約束化すると、こんな感じになるんじゃないのかな？」

そう言って神田は先ほどまでタイピングをしていたノートパソコンの画面を鈴木に見せてくれた。そこには、神田が考えた鈴木のＵＳＰが書かれていた。


「メンタルは人生の経済力を決める！

３カ月で預金残高を３倍にするメンタルトレーニング革命。

バンキング・メンタルトレーニング」

「バンキング・メンタルトレーニング！」

思わず鈴木は声を上げた。

「USPで最も大切なのは、他の人がやっていない、聞いたことがないということ。そして、それがお客様の問題解決になっていること。メンタルは人生を決める！　というのは、鈴木のたった1人のお客様からしたら、「夢が叶う」というのと同じ意味。預金残高を3倍にするは、鈴木の実体験がたった1人の理想のお客様の生活水準を下げたくないという問題と、夢を実現して収入を増やしたいという問題にドンピシャ。そして、さらに重要なのが、鈴木の活動に対しての代名詞となる名前があるかどうか？　ということ。つまりは、この場合は『バンキング・メンタルトレーニング』だ。代名詞があると、バンキング・メンタルトレーニングの鈴木さんですよね？　と呼ばれるようになり、認知度も上げやすいし、それだけで差別化になるからな！　参考例として教えた5人の先輩も、お菓子マニアの短期留学！　のように代名詞になる言葉があっただろ？　ということだ」

鈴木はまるで神田から、1人の起業家としての命を吹き込まれた感覚になっていた。

「神田さん、ありがとうございます！」

「これで、今日からお前も立派な起業家だな！　しかも、このバンキング・メンタルトレーニングという言葉は、日本で誰も使っていない。お前がたった1人の理想のお客様の問題解決をする第一人者になるんだ！」

そう神田に強く背中を押された鈴木は、会社を辞めてから今日まで、今、最も胸が高鳴っていた。

第6章

鈴木さんは会社員から成功した起業家の行動法則を学んだ。

高層ビルのオフィス④――

いつまでもお客様が絶えることのないビジネスを創る3つの軸

神田から「バンキング・メンタルトレーニング」(以降、BM＝鈴木が提供する本命商品の名前)というUSPを授かった鈴木に、神田はさらに話を続けようとしていた。

「これで個人でビジネスを創るということがどういうことかを知り、顧客動線の仕組みを学び、そして顧客動線を最大限に機能させるために必要なUSPもできた。これで、あとは行動にを起こすのみとなったわけだ」

神田から行動を起こすという言葉を聞くと、鈴木は自分の個人起業家としての活動が本格的に始まるのだと気が引き締まった。

「まず個人が月収100万円を安定的に超えるビジネスを創り始める時に、知っておかないといけないことがある。それは、個人が創るビジネスは3つの軸から成り立っているということだ。その3つの軸とは、**お客様を創る**という軸と、**売**

るモノを創るという軸と、**売る場所を創る**という軸だ。そして、この3つの軸を顧客動線に置き換えると…」

そう話すと、神田は紙を取り出し、前回参加した神田のセミナーで解説していた逆三角形の顧客動線の図を描き出した。描き終えると話を続けた。

「お客様を創るという軸は、お客様候補となる人たちと出会う、教育するという意味合いだから、顧客動線でいうと、ここ、Facebook、ブログ、リアル、メルマガがこれにあたる。売るモノを創るというのは、文字通り、売るモノだから、これは本命商品のこと。そして、売る場所を創るというのは、売るスペース、店舗をイメージしがちだが、お客様に商品やサービスを提案する場所という意味合いもあるから、フロントエンドセミナーと個別体験にあたる。この3つの軸がすべてそろった時に売上は上がるんだ。3つの軸ができるということは、顧客動線が出来上がるということでもあるからな。じゃあ、何から創っていくのか？　となるんだが、鈴木はどの軸から創ってい

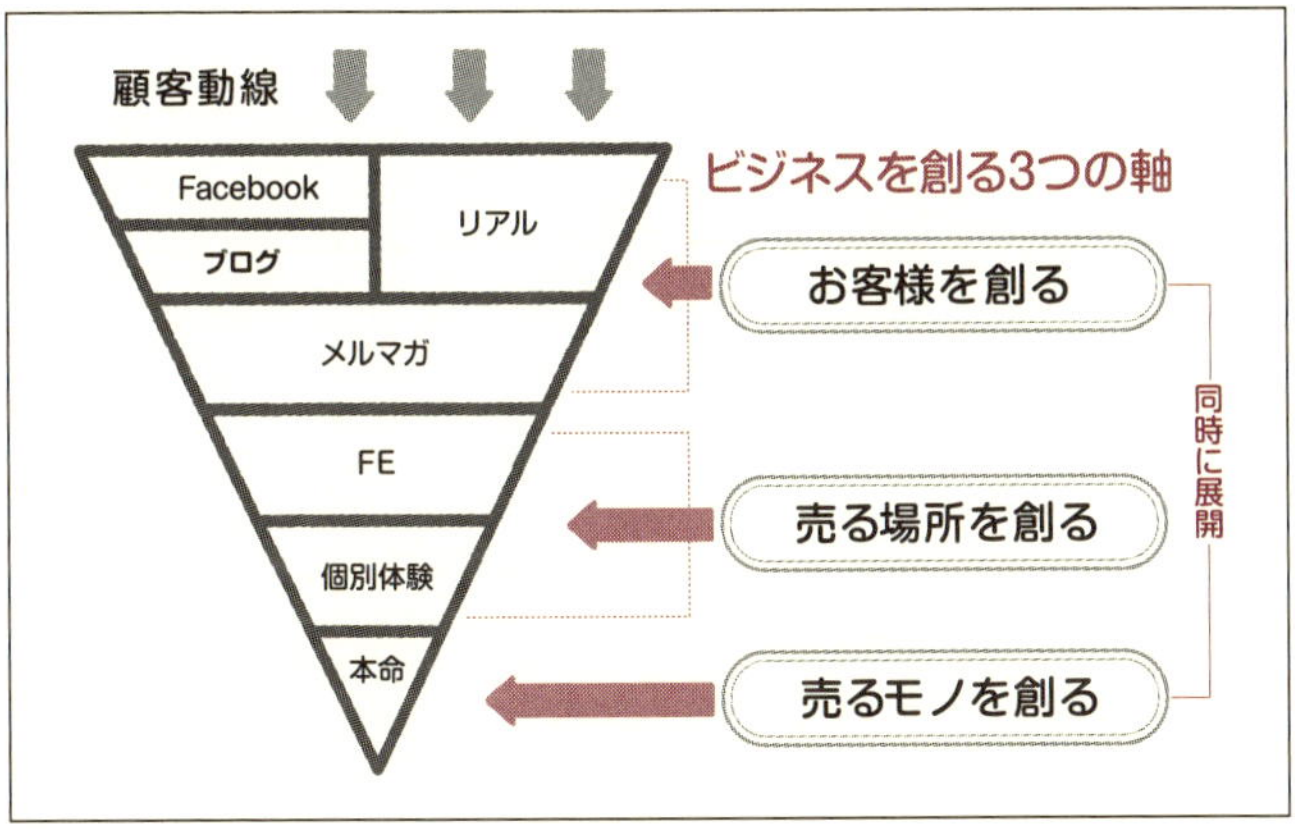

くと思う?」

神田の話はいつもきれいに整理されていた。そして、重要なポイントでは自分で考えるようになっている。そう感じながら鈴木は答えた。

「やっぱり商品がないとビジネスは始まらないので、売るモノを創るからですか?」

「その通り、なんだけど、じつは、**売るモノを創ることと、お客様を創ることを同時に進めなくちゃならない**」

「2つ、同時にですか?」

「そう、同時にだ。何でかというとな、仮に売るモノを創る、つまりは本命商品を創ることだけから始めたとする。本命商品創りに専念して商品ができたとしよう。**本命商品が出来上がった! さあ、買ってくれる人を探そう! では遅すぎるんだ。**」

お客様を探している間にライバルが似たようなことを始めたら、もうその時点で遅れをとってしまうことになるし、これだけ変化が早い現代では、お客様がいつまでも見つからなくて、やっと見つかった時には、もう本命商品が世の中の流れにマッチしないものになっているということにもなりかねない。

ベストなのは、本命商品ができた瞬間に売れるお客様がもういるという状態なんだ。だから、本命商品を創りながら、同時にお客様候補をも創っておく。まずはこの2つを同時に始める必要があるんだ」

「なるほど！　ただ、言っていることは理解できたんですが、本命商品が出来上がっていない、売るモノが出来上がっていないのに、お客様候補を創るなんて可能なんでしょうか？」

「まぁ、お前がそう思うのも仕方がないな。じゃ、世の中に目を向けてみようか。売るモノが完成していない、創っている最中に同時にお客様を創るということをやっている企業ってけっこうあったりするんだぞ。例えば、Ａｐｐｌｅ。仮にＡｐｐｌｅが、明日、ｉＰｈｏｎｅ8の先行予約を受け付けます、と発表したらどうだろう？　予約0ということはありえるかな？」

「いや、それはないと思います。ないというか、逆に予約が殺到すると思います」

「じゃあ、明日の時点で、ｉＰｈｏｎｅ8は完成しているのかな？」

「あっ、確かに。完全に完成はしていないですね」

「そうなんだ。商品が出来上がっていなくても、ＡｐｐｌｅやｉＰｈｏｎｅという存在を知ってくれていて、彼らが何を提供してくれる人なのかということが知られていれば、先行予約という形で売上は上げることができる。つまりは、本命商品を創りながらも、言い換えれば、本命商品ができていなくても、お客様候補に自分という人間がどういうことをしていて、どんな問題解決をするのか？　ということの認知を広めることができるし、認知が広まれば、お客様候補となるということだ」

「なるほど！」

「だから、売るモノを創る＝本命商品を創る、ということと、お客様を創る＝Facebook、ブログ、リアルで露出して、認知を拡大する、ということは同時にできるし、同時にしなければならない。ここまでは理解できたかな？」

「理解しました！　じゃあ、具体的に本命商品を創るということと、お客様を創るということは、何をしていけば実現できるのでしょうか？」

「いい質問だな。売るモノを創る、本命商品を創るということについては鈴木の場合だったら、メンタルトレーニングというものがもう決まっている。あとは、USPとしてお約束している、預金残高が3倍になるメンタルを創り上げ、定着するまでにどれくらい継続してメンタルトレーニングをすればいいのか？　これさえ決まれば、もう本命商品はBMの継続トレーニングとなるんだが、実際、どれくらいの期間継続すれば、鈴木のように預金残高が3倍になるメンタリティーは出来上がるかな?」

「そうですね。2週間に1回のペースでトレーニングできるなら、3カ月もあれば十分です」

「それなら、本命商品は3カ月のBMになるから、なぜ3カ月継続してBMを受ける必要があるのか? 3カ月どんなことをするのか? という本命商品を説明するパンフレットのような、お客様に本命商品の内容を説明する資料を創ること。これが、売るモノを創る、という動きになるな。ここまではOKかな?」

「はい、大丈夫です。大丈夫ですけど…」

「大丈夫だけどなんだ?」

「神田さん、なんかものすごく楽しくなってきました! なんか、本当にビジネスとして形になるという実感が湧いてきました」

「はっはっは! そうか! それはよかった! じゃあ、ここから先は楽しくなる一方だな!」

鈴木はついこの前までスランプに陥っていたのを忘れているかのようだった。

BM
バンキング・メンタル・トレーニング。鈴木さんのUSP。

鈴木さんが閉店間際のスーパーで値引きを待っていた生活から月収100万円になるまでの
心得28

個人のビジネスを創る3つの軸は、
お客様を創ること、売るモノを創ること、売る場所を創ること。

鈴木さんが閉店間際のスーパーで値引きを待っていた生活から月収100万円になるまでの
心得29

ビジネスを創り始める時は、
「お客様を創ること」と「売るモノを創ること」を同時に始める。

鈴木さんが閉店間際のスーパーで値引きを待っていた生活から月収100万円になるまでの
心得30

売るモノ（本命商品）が出来上がっていなくても
お客様候補は創ることができる。

★SCENE 22

高層ビルのオフィス⑤——

個人で起業したなら、芸能人になったと思え!

「売るモノについては理解できたようだから、同時に進める、お客様を創るということについても話を進めていくな」

神田はそう言うと、またパソコンを開き、あるWebページを開いて鈴木に画面を見せた。

「鈴木、Facebookやっているか?」

そう、神田が開いたWebページはFacebookだった。

「やってはいますけど、やっているには値しないです。他の友達の投稿を見るだけのために登録しているようなもので、自分の投稿はほとんどしていないです」

「これから話すことは別にFacebookの使い方を教えたいわけではない。たまたま、今の時代のツールを見た時にFacebookというツールが個人で活動する起業家にとっていちばん効果的だから、お客様を創るということに対しての本質的な考え方を、Ｆａｃｅｂｏｏｋでどう表現するか、ということを教えるだけだ。大事なのはＦａｃｅｂｏｏｋの使い方ではなくて、お客様を創るということに対して、どう考えていけばいいのか？　という本質的なところな。そこを押さえておけば、これからする話は、別にＦａｃｅｂｏｏｋを使っていない層であっても、お客様を創るという動きはできるし、将来的にＦａｃｅｂｏｏｋを超えるツールが出てきても役に立つ話になるからな」

神田はいつも以上に、鈴木に表面的に話を捉えるのではなく、いろいろな場面に置き換えられる話であると想定して、これからの話を聞くようにと念を押した。

「まずは、個人で活動して毎月収入を１００万円以上安定して得たいと思うのであれば、もう自分のことを芸能人と変わらないと思え！」

「芸能人ですか？」

「そう。つまり、何が言いたいかというと、お客様に鈴木という存在を知ってもらわないと始まらないということ。だから、Ｆａｃｅｂｏｏｋに置き換えて言うのであれば、自分のことを多くの人に知ってもらうためにはどうすればいいのだろうか？　という前提で使うということ。そう考えれば、自分のプロフィール写真に自分の顔が写っていないとか、まったく自分の情報が発信されていないとか、自分が投稿したフィードが全公開になっていないなんて、アリエナイということ。誰に見られているかわからないから、怖いなんて、もう言っていられないということだ。だから、もう自分は芸能人となんら変わりがないと思いなさい。ということなんだ」

神田はまずは大前提となる心構えになるような話から始めた。

「お客様を創るというのは、顧客動線の逆三角形でいう最上部のFacebook、ブログ、リアルの部分。ここでどれだけ多くのお客様に鈴木を知ってもらえるかによって、本命までの道のりを進んでくれるお客様の数が決まってくる。だからできるだけ多くの人に知ってもらわないと始まらないんだ。そして、もちろんただ知ってもらうだけではダメだ。我々の目的はお客様に本命商品まで進んでもらい、そしてお客様の問題を解決すること。だから、ただ知ってもらうだけではなく、鈴木のことを知ってから先に進みたくなるような、もっと具体的に言えば、本命につながるフロントエンドセミナーに進みたくなるような露出と認知を獲得しないといけない。そうなった時に必要になるんだけど、『単純接触効果』って知っているか？」

「単純接触効果ですか？」

単純接触効果
アメリカの心理学者、ロバート・ザイアンスが提唱したコミュニケーション上の効果。繰り返し接することで、好意度や印象が高まること。ザイアンスの法則とも呼ばれる。

「そうだ」

「初めて聞きました」

「単純接触効果とは、心理実験でわかった親密度に関する現象なんだが、じゃあ、質問だ。今日初めて会った人が同じ部屋の中に10時間通しでずっと2人っきりでいた場合と、同じく今日初対面の2人が2人っきりで部屋の中に1時間ずっと一緒にいる。これを10日連続行う。どちらとも初対面の人と部屋の中に10時間2人っきりでいるということは同じだけど、前者は10時間通しで、後者は1時間一緒にいたらその日は帰り、また次の日1時間一緒にいて帰る。そして、また次の日来て1時間一緒にいるというのを10日連続で行う。はたしてどっちのほうが仲よくなると思う？」

鈴木は神田の質問の内容を自分が体験したらどっちだろうか？　と想像をしてみた。

「たぶん、仲よくなるのは、後者の10日間連続のほうだと思います」

「その通り！　これは心理実験として10時間ずっと一緒にいるよりも、1時間を10日連続で会った2人のほうが親密度は増すという実験データがあるんだ。つまり、**親密度は接触回数に比例する**ということ。だから、昔のできる営業マンは用がなくても足繁く汗水垂らして短い時間でもいいから、お客様のところに顔を出して仲よくなって、ある程度仲よくなってから商品の説明や提案をしていたというわけだ。でもな、どんなにお客様のところに足繁く顔を出すといっても、1日に最高でも何人に会えると思う？」

「業種にもよると思いますが、自分の会社員時代のことを考えると、どんなに会えたとしても5人とかそれくらいですね」

「そうなんだよな。でもな、今の時代はほんの10分程度の労力で、5人どころか、100人、500人に顔を合わせることができるんだよ。それがなんだかわかるかな？」

「あっ、それがFacebookですか？」

「その通り！　たった一度の投稿で何百人というお客様候補となる人と顔を合わせることができるんだ。そう考えたら、Facebookを使わないという選択肢はアリエナイわけだ」

「そうですね」

「それに、単純接触効果を考えると、接触回数が親密度に比例するんだよな。そしたら、Facebookの投稿って1日1回でいいのかな？　というわけだ。なにより、Facebookは無料のツールだしな。徹底的に使うしかない！　というわけだ」

「そう言われると、今の自分のFacebookの使い方は、ビジネスチャンスを逃しているということがよくわかります。この前、神田さんにUSPの参考にするようにという5人の先輩の起業家の方のFacebookを見たんですが、確かに短期間で僕のなかで親近感が湧いていました。じゃあ、そうなると徹底的に使うとはどんな使い方になるんでしょうか？」

「そうだな、少なくとも単純に投稿数だけで言うのなら、1日3投稿。イメージとしては、お客様候補となる人がFacebookにログインした時に常にニュースフィードとして鈴木のが上がってくるというのがベストだ」

「毎回、自分のフィードが上がってくる感じを狙うんですか？　でもそれって…」

「はい、黙る！　もう、何を言おうとしているのかはもうわかる。というか、今まで見てきた起業家のほとんどの人がこの話をすると、こう言うんだよな。『何回も自分のフィードが流れてきたらウザいと思われませんかね？』と。そう言いたいんだろ？」

「あっ、そうです。まさに…」

Facebookにおけるフィードとは
Facebook上で自分自身が投稿した記事のことをフィードと言う。

「さっき、俺が教えたこと、もう忘れたのか？」

「さっき教えてもらったことですか？」

「そう。もう自分のことを芸能人だと思え、ということだよ」

「忘れてないです！　でも、これがどう関係するんですか？」

「いいか、冷静に考えてみろ。芸能人が1日に何回も自分が出演しているCMが流れるとウザいと思われるから、新しいCMのオファーは今回は断ります、なんてことするか？」

「しないですね」

「そうだろ。さらに言えば、大企業が新商品を発売した時に、1日に何回もCMを流したらウザいと思われるから、CMは1日1回にしておこう、とか思うか？」

「いや、思わないです」

「そしたら、どう考えるんだ？」

「そりゃ、できるだけ多くお客様の目に触れるように、できるだけ多くCMを流そうと思います」

「…ということ。個人でビジネスをする。そして、**お客様候補を創るのなら、自分や自分のビジネス、自分のUSPの露出を圧倒的に増やさないと始まらない**というわけだ」

「よーく、わかりました！　覚悟を決めて露出を増やしていきます！　そこで、ひとつ質問してもいいですか？」

「おう！　いいぞ」

「今の話で自分がFacebookに投稿する回数を増やそうとは思ったんですけど、**どんなことを投稿していいのかがいまいちわからない**んです」

「これも起業スタートの人に多い悩みだな。考え方としてはこうだ。なぜ、Facebookのフィードを投稿するのか？　これを考えると答えが見えてくるぞ。鈴木はなぜFacebookフィードの投稿をするんだ？」

「それはさっき神田さんが言っていた通り、お客様に知ってもらうためと、会ったことのない方にも親近感をもってもらうためです」

「そうだな。それをもっと具体的に言うのなら、フロントエンドセミナーの告知をした時に、お会いしたことがない人も申し込むことに対しての心理的ハードルを下げるために投稿をするということだな。つまり、いちばんベストの状態はフロントエンドセミナーをした時に、一度も会ったことがないのにFacebookを見ているから、『初めて会った気がしない』、このセリフを引き出すためには日頃からどんなFacebook投稿をしていたらいいか？　ということなんだ」

「なるほど」

「そんな状況を創り出すためのFacebookフィードの投稿のキーワドが『一緒にいる感』。もっと行動しやすいキーワードに変えると『実況中継』という言葉になる。俺とかだと、塾生とかに、先生この間、宮古島行ってましたねとか、1200人の講演会していましたねとか、一緒にいないけど、まるでいつも一緒に生活しているかのように俺のことを知っている…そんな感覚になってくると、日常を共にしているような感覚になり、そこでフロントエンドセミナーの参加受付をスタートすると、親密度が増しているから申し込むことに対しての心理的なハードルが下がるどころか、いつもFacebookで見ているから会いに行こう！くらいに変わるわけだ。それを実現するキーワードが『一緒にいる感』であり、『実況中継』なんだ」

「なんかすべてが理にかなっていてすごいですね。ほんと、その通りだと思います。そしたら、さらにひとつ質問していいでしょうか？」

『何を実況中継していいのかわからない』（2人の声が揃った！）

「だろ？」

一緒にいる感
実際は共に1日を過ごしていないのに、毎日を共に過ごしている感覚を与えること。
実況中継
生放送のように今起きていることを伝えること。

神田にはすべてお見通しのようだ。

「だいたい、もうこの話をする時に飛んでくる質問、疑問はもうわかっているんだよ（笑）。そして、そんな質問が飛んでくるのが予測ついているということは、もちろん解決策もあるということだ。どんな実況中継をしていいのかわからない、どんなFacebookフィードを作成していいのかわからない、とならないように、これまで教えてきた0から月収100万円になったメンバーにも教えてきたFacebook投稿の2つの軸というものがあるんだ。それを教えるな」

神田はそう言うと、鈴木がメモをする準備ができたのを見計らって話を続けた。

「月収100万円を個人で活動しているメンバーも実践しているFacebookフィードの内容を考える軸は2つ。1つ目は『ライフスタイルと、起業家としてのビジョンを軸とした、自身の価値を高める飽きさせない実況中継』。そして、2つ目は『付き合うことで何が得られるかが明確な専門家としての露出教育』だ。この2軸に沿って投稿する内容を考えてみる。毎回この軸に沿って投稿内容を考えるから、投稿の内容も統一感があり、そうすると、鈴木がフロントエンドセミナーの告知をした際に、申し込みにつながるようなブランディングがされながらも親密度が増す投稿が自然とできるようになるというわけだ」

「『ライフスタイルと、起業家としてのビジョンを軸として、自身の価値を高める飽きさせない実況中継』、そして、『付き合うことで何が得られるかが明確な専門家としての露出教育』ですね。まずはこの言葉を意識して、投稿数を毎日3投稿することを習慣にする、ということから始めたいと思います」

「うん、それでいいぞ。最初から完璧を目指すのではなく、練習して上手くなろうとする。そして、毎回工夫をすること。それが、上達する近道だ！」

鈴木さんが閉店間際のスーパーで値引きを待っていた生活から月収100万円になるまでの 心得31

個人でビジネスに成功したいのなら、自分のことを芸能人だと思え！露出することへの抵抗感をなくせ！

鈴木さんが閉店間際のスーパーで値引きを待っていた生活から月収100万円になるまでの
心得32

親密度は接触回数の多さに比例する。

鈴木さんが閉店間際のスーパーで値引きを待っていた生活から月収100万円になるまでの
心得33

《Facebook投稿の軸①》
ライフスタイルと、起業家としてのビジョンを軸とした、
自身の価値を高める飽きさせない実況中継

鈴木さんが閉店間際のスーパーで値引きを待っていた生活から月収100万円になるまでの
心得34

《Facebook投稿の軸②》
付き合うことで何が得られるかが明確な
専門家としての露出教育

★SCENE 23

高層ビルのオフィス⑥――

会社員から成功した人だけが知っている行動法則「短期決戦大量行動」

神田は鈴木にFacebookの投稿内容を考える軸を渡した時に、鈴木にふとこんな質問をした。

「まさか、今日から1日3回Facebookの投稿をするだけで、お客様候補が増えるだなんて思っていないよな?」

鈴木は、えっ!といった表情で、「それだけじゃダメなんですか?」と聞き返した。

「あのな、冷静に考えてみろよ。Facebook投稿の内容を考える2つの軸に沿ってしっかり1日3投稿やりました。でも、Facebookで友達としてつながっている人は10人だけ。基本は友達でつながっている人にしかお前の投稿は届かないんだから、どんなに投稿回数を増やしても、どんなにいい投稿内容になっても、届く相手が10人だけって、どうだ?」

フィードの届き方
Facebookでは、友達としてつながっていて、かつFacebook上で交流が深い人に優先的に自分の投稿したフィードが届く。友達としてつながっていないと投稿は届きにくく、友達としてつながっていても交流がないと、自分の投稿が相手に表示されないこともある。

「あっ、全然ダメです」

「Ｆａｃｅｂｏｏｋの使い方についてはいろんな考え方があるし、教えてくれる人も世の中にたくさんいる。だから、どの方法も正解でいいと思うが、やっぱり最低限の規模感というものは必要だ。鈴木、今、Ｆａｃｅｂｏｏｋでつながっている友達って何人いるんだ？」

「えっと、ちょっと待ってくださいね。確か…56人です」

「…となった時に、今のＦａｃｅｂｏｏｋの特徴を考えると、ただ単に友達の数をバカみたいに増やしても意味はないが、とはいえ、さっきも言った通り、最低限の規模感がないと、月に１００万円以上の収入をあげられるだけの多くのお客様に知ってもらうということは難しくなってくる。だから、１日３投稿をさっきのＦａｃｅｂｏｏｋ投稿２つの軸に沿って投稿しながら、**同時に鈴木のフィードが届く友達の数も増やさないとダメだな。**よし、じゃあ、１カ月で今から友達の数を１０００人増やそうか！」

「えっ!!　１０００人もですか！　しかも、１カ月で？」

「そう、１０００人を１カ月で増やそう。本当は１週間でと言いたいところだけどな。個人の起業で、上手くいく秘訣というのがやはりいくつかあるんだ。そのうちのひとつが何かというと、『短期決戦大量行動』ということなんだ」

「短期決戦大量行動ですか？」

「そう。短い期間に思いっきり行動して結果を出してしまう。じゃないと、人は同じ努力をコツコツと長期間するということはなかなかできないから、結果が出にくいんだ。だから、スタートの努力をするのは短期にして、その代わり、これ以上できないというくらい行動をする。自分がどれくらいできるのかという**限界値を知っていると後々強くなる**んだ。俺の場合だったら、会社を辞めた直後から睡眠時間が2・5時間という日が4カ月も続いたりした。でも、この時、短期決戦大量行動と決めてやり、結果を残したから、その後もがんばれたし、今でも何か大変な事態になっても、あの睡眠時間2・5時間4カ月連続の頃くらいやれば乗り越えられないことはない！　という自信にもなるんだ。だから、個人が結果を出したいのなら短期決戦大量行動は結果を残すための鉄板法則なんだ。ということで、ここからの1カ月は忙しくなるぞ！」

「わかりました！　でも、なんだか、何をやればいいのか？　というのがわかるというのはワクワクしますね。やります！」

「もうこの1カ月で顧客動線をすべて完成させるぞ！　お客様を創るに関しては

短期決戦大量行動
特にビジネスのスタート時に必要な行動。これによってスタート&ダッシュができ、ビジネスのスピードに拍車がかかる。また、スタート時だけでなく、ステップアップしていく時にも必要な行動といえる。

Ｆａｃｅｂｏｏｋを中心に友達を１０００人増やして、Ｆａｃｅｂｏｏｋ投稿２つの軸に沿って1日3投稿を行い、単純接触効果でお客様候補となる人と親密度を深める。売るモノを創るに関しては、本命商品のお客様への説明資料を完成させる。そしたら、売る場所を創るの、フロントエンドセミナー、個別体験の内容づくりだ。これを全部1カ月でやるぞ！」

「わかりました。いよいよ会社員からの起業家としての成功への道が本格始動ですね！」

鈴木は、もうあとはやるだけだといった眼差しで、神田と目線を合わせた。

心得35
鈴木さんが閉店間際のスーパーで値引きを待っていた生活から月収100万円になるまでの

Ｆａｃｅｂｏｏｋは最低限の規模感は必要。新しいことを始めるなら、プラス１０００人、友達を増やせ。

鈴木さんが閉店間際のスーパーで値引きを待っていた生活から月収100万円になるまでの

心得36

個人起業家が結果を出す秘訣！
短期決戦大量行動。

鈴木さんが閉店間際のスーパーで値引きを待っていた生活から月収100万円になるまでの

心得37

起業当初に自分の限界値を知れ！
そうすれば、後で楽になる。

第7章

鈴木さんは最後の最後に大きな罠にハマりかけた。

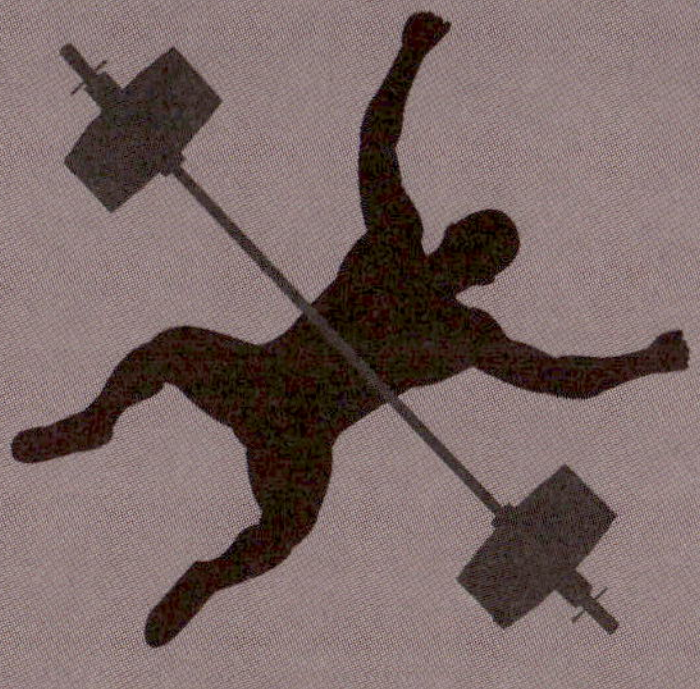

★SCENE 24

ホテルのラウンジ⑦——

会社員では絶対に気がつかない、失敗する告知の罠

1カ月後、鈴木は、神田の教えを忠実に守り、実行していた。お客様を創るという点では、Facebook投稿2つの軸に沿った1日3投稿を1日も欠かすことなく実践し、Facebookの友達も新たに1000名増やしていた。今では、鈴木のメンタルトレーニングを受けたいとメッセージをもらうまでになっていた。

売るモノを創るという点では、2週間で本命商品の内容をお客様に説明する資料を創り上げ、売る場所を創るにあたる、フロントエンドセミナー、個別体験の内容も完成させていた。そう、つまり鈴木は1カ月で顧客動線が機能する状態を創り上げていたのである。あとは、Facebookでフロントエンドセミナーの告知を発信するだけになっていた。

そんな、あとは告知を出すだけで月収100万円の道が始まると期待に胸躍ら

せている時に、神田から呼ばれていた。久々の新宿京王プラザホテルでの待ち合わせだった。ラウンジに着くと、神田がいつもの席で待っていた。

「神田さん、こんにちは！」

鈴木の挨拶の声はどこか今までになかった自信に満ち溢れていた。それもそうかもしれない。鈴木は毎日のように深夜まで行動していたのだ。そして、神田が言う通り、1カ月という短期間で顧客動線を創り上げたという達成感があった。

「おっ！　いい顔してるな。まっ、座れ」

神田も鈴木のがんばりは認めていて、そして、やりきったからこその自信が鈴木のなかに芽生えているのも感じ取っていた。

「顧客動線もだいぶ出来上がってきたな。Facebookでの鈴木への投稿の反応もいいし、この感じだとメルマガをやらなくても、Facebook、ブログで集客はできるだろう」

日によってPV数に波はあれど、鈴木のブログは1日1500～2000PVは安定して獲得していた。これは、神田から教えてもらったFacebook投稿2つの軸の2つ目『付き合うことで何が得られるかが明確な専門家としての露出教育』に着目し、ブログ記事をFacebookに投稿することで実現できると考

PV数
ページビュー数。ユーザーがページを閲覧した数のこと。

えた成果のひとつでもあった。神田からもブログを集客に活用したいのなら、最低でも1000PV以上は必要だと言われていたから、その基準もクリアしていた。ということで、鈴木はもうフロントエンドセミナーを告知する気、満々でいた。そんな様子を察してか、神田が口を開いた。

「さて、鈴木さんにここでひとつ問題です。今、鈴木さんはこのまま告知してしまうとお客様が集まらないという大きな罠にはまっています。それはいったいどんな罠でしょう?」

神田からの突然の問題提起は鈴木がまったく予想だにしていない話だった。

「えっ? 神田さんちょっと待ってくださいよ! それ、本当ですか?」

「俺が今まで嘘ついたことある?」

「ないですけど…何か抜けてましたっけ?」

「うーん。抜けているかと言われれば抜けてはいないかな。これから教えることは今日初めて教えるから。とはいえ、この罠ってけっこう多くの人がハマっているんだよね。特に、用意周到に準備できた! と思っている人であればあるほど」

「そうなんですかー? セミナーの内容もおもしろいし、このセミナーだったら人は来ると思うんだけどなぁ~」

「はい、そこ、そこです！　罠にハマっている証拠。**セミナーの内容がおもしろいから来てもらえると思う。そう思ってみんな『突然』募集をスタートしちゃうんだよ**」

神田は鈴木がハマっている罠の正体を明かしたが、神田にはいまいちピンときていなかった。

「普通、告知をする時は『突然』になるんじゃないですか？　申し込み受け付けのスタートの投稿はこれまでしていないわけですから」

鈴木が不思議そうに神田に言うと、神田はいつも通り笑みを浮かべて話しはじめた。

「まずは、集客の基本。それは**セミナーの開催日1カ月前には集客をスタートさせる**こと。ここはいいな。で、明日がちょうどセミナーを開催する1カ月前だから、たぶん鈴木は明日申し込み受け付けます！　というFacebookの投稿やブログ記事を投稿しようと思っている」

「はい、そうですけど」

「でもな、冷静になって考えてみよう。世の中で告知をした瞬間に満員御礼になっているようなセミナーは、申し込みをスタートさせるまでにどんなことをやっていると思う？　そこには、申し込みをスタートしたら確実に申し込みが殺到するような仕掛けがあるんだよね」

「告知してすぐに満席になるものですか？　何があるかな…」

鈴木はそう言うと、自分の記憶を振り返ってみた。

「そうだ。すぐに満員御礼で初日から大ヒット！　みたいになっているもの。そんなものが身近にあるだろ？」

「…あっ、映画とかですか？　初日から満員御礼！　大ヒット！　みたいな感じで…」

「そう、その通り！　ここで鈴木に質問なんだが、映画って映画館で公開する時って、ある日突然公開するか？」

「あっ、確かにしないですね」

「突然公開しなかったら、公開するまでどんなことしている？」

「えっとですね。まず、半年くらい前から他の映画の前とかで予告を流して、テレビとかでも予告を流して、で、公開する日が近くなったら、何月何日公開！ってていうＣＭを流してから公開します」

「そうだよね。つまりは、**いつから観ることができるのか、という認識を広めて**

から公開する。もっと言えば、『早く観たい！』という感情を起こさせて、公開前にもうすでに観たい！　という人を創ってから公開しているよな。はい、そう考えると今の鈴木はどうかな？」

そう神田に話を振られて、鈴木は絶句していた。まったくもって映画のように、公開前に新たにつながったお客様候補の人たちに予告もしていなければ、セミナーに参加してみたいという感情を起こしていなかったのだ。この時、鈴木はせっかく1カ月間大量行動をし、自分の限界値まで行動して創り上げたモノを成果が得られない形でスタートさせるところだったということに気がついた。

「ということは、神田さん。セミナーの告知をする前に、予告のような形を露出していけばいいということですか？」

「まぁ、そういうことだな。告知をする前にお客様の買いたい！　参加したい！　という気持ちを高めることを『仕込み』と言うんだ。まさに鈴木が言ったように、映画の予告がいちばん参考になるな。配役が決まったら、そのことを露出して、クランクインしました！　撮影順調です！　クランクアップしました！　と、そのつど露出してお客様の観てみたいという気持ちを創る。そして、公開日が決まったら、その日までのカウントダウンがある、というわけだ」

仕込み
公開する前に、公開する内容の一部や、製作中であるということを発信して、本公開する前にお客様の購入したい気持ちを高めること。

「これは完全に抜けていましたね。というか、そもそも発想がありませんでした。告知してみて、あとは発信し続けていればそのうち埋まるモノなのかなと思っていましたよ」

「そんなに甘くはないよ。満席になるということは、『満席になるための工夫をしている』ということだからな」

「じゃあ、明日の告知は見送って、今日から早速、仕込みをしないとダメですね」

「その通りだ！」

「わかりました。そうしたら仕込みの期間でどれくらい時間をとったらいいんですか？」

「基本的な考え方として、仕込み過ぎということはないから、1カ月くらい仕込んでもいいくらいだ。逆に仕込み過ぎという言葉はないが、『仕込み不足』という言葉はある。絶対に集客の時にやってはいけないのが、この仕込み不足というわけだ。せっかく考え抜いたセミナーも、仕込みがしっかりされてないと、仕込み不足が原因で申し込みが来ないということはよくあることだからな」

「わかりました。そしたら、明日の告知は止めて、今日から2週間仕込みたいと思います！」

仕込み不足
本公開する前に、十分にお客様の興味を引くことができず、公開してもお客様が来ない状況になる最も大きな要因のひとつ。

そう言うと、鈴木は早速、その場でFacebookの投稿を書きはじめて仕込みを開始した。

鈴木さんが
閉店間際のスーパーで
値引きを待っていた生活から
月収100万円になるまでの
心得38

告知をする時は必ず仕込みをする。
仕込みとは、お客様の買いたい気持ちを高めることである。

第8章

鈴木さんは 成功した！

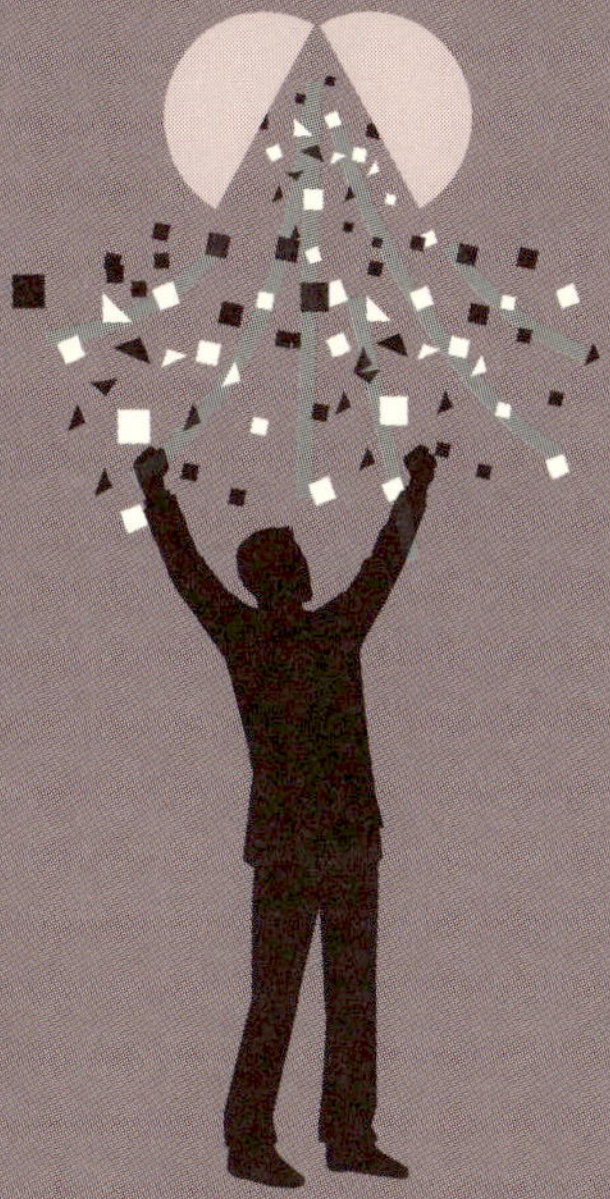

SCENE 25

神田に「第一号契約」の電話をかける――

鈴木さんの成功への第一歩がスタートする！

2カ月後――

「神田さん、ついに本命商品の第1号、ご契約いただきました！」

電話越しからも鈴木の声が達成感に満ち溢れているのがわかった。

神田のアドバイスをもらい、2週間の仕込みをしてから告知をスタートしたセミナーは満席になっていた。そして、そのセミナーに参加した方が個別体験に進み、個別体験で鈴木がお客様に本命商品の提案をする。まさに顧客動線の流れ通りにお客様が進んでくれて売上が上がった、つまりは鈴木の個人としての活動の収入が初めてできた瞬間だった。

「神田さん、今日、個別体験のメンタルトレーニングに来てくださった方が、3カ月継続してバンキング・メンタルトレーニングをやったらすごいことになりそうですね！　と言ってくださいました。そして、3カ月継続トレーニング契約

20万円のコースで契約してくれました！」

その時の鈴木は、売上があがって嬉しいというよりは、自分がやりたいと思っていたことに賛同してくれるお客様がいたことを実感できたこと。そして、そのお客様の問題解決をして自分がお役に立てる人ができたことが本当に嬉しいという思いでいっぱいだった。その気持ちを鈴木は神田に語った。

「なんか、ご契約いただいた時は、もっと収入があがるとか、お金が入ってくるということに嬉しさを感じるのかなと思っていましたが、全然違いました。今は僕のことを信頼してくれて、やってみる！　と決めてくれたお客様がいることが嬉しくて、そのお客様のために全力でがんばりたいな、という思いのほうが圧倒的に強いです」

鈴木が神田のところに来てから、まだわずか3カ月しか経っていなかった。しかし、鈴木もやはり、これまで神田が短期間で0から月収100万円にまで引き上げた個人の起業家と同じように、ビジネスとはお客様の問題解決であるという本質を捉え、個人が経済的自由を手にするために必要な顧客動線と本当のUSPを手に入れ、大きく飛躍しようとしていた。

「素晴らしいな！　成長したじゃないか！　ビジネスとはお客様の問題解決であ

るということからブレなければ、顧客動線とＵＳＰがあれば売上や収入といったものは後からついてくるんだ。何より、好きなお客様だけを選び、好きな人の問題解決のお役に立てる。こんなに楽しいことはないだろ？」

「はい、本当にそう思います。最初は好きなこととして月収１００万円超えたい！というのが目標でしたが、今こうして信頼してくれるお客様を目の当たりにして、もっと多くのお客様の役に立ちたい！　という思いが強いです。本当に結果として収入って後からついてくるものなんですね」

「そして、今がいちばん重要なタイミングにも来ている。０の状態から、契約をしてくれたお客様第1号を獲得することができ、今1になった。あとはこの０から1を繰り返すだけ。そうすれば自然と月収も１００万円は超えてくるんだ。まだまだ始まったばかり。気を抜かずにこれから予約が入っているお客様の個別体験も臨めよ！」

「はい、ありがとうございます。また、ご報告します！」

そう言って、神田は鈴木との電話を終えると、鈴木がもう月収１００万円は超えることを確信していた。

心得 39

鈴木さんが閉店間際のスーパーで値引きを待っていた生活から**月収100万円**になるまでの

月収が100万円超えるよりも
自分のことを信頼してくれる
大好きなお客様に囲まれるほうが幸せである。

★SCENE 26

広尾の高級鮨店② ――

自分なりに頑張るのではなく、誰よりも頑張るから成功する！

鈴木から神田に、契約第1号の報告があった日から3週間後。鈴木と神田は3カ月前に鈴木が神田に会社を辞めることを決めたことを報告した、広尾の神田行きつけの鮨屋に来ていた。

「それじゃあ、この3カ月、よくがんばったな。おめでとう！」

神田がそう言うと、立派な檜で造られたカウンターに横並びで座っていた2人はグラスを交わした。

鈴木は神田に初契約の報告をしてから、神田の教えを守り、行動を続けていた。フロントエンドセミナーを開催して、個別体験の予約を獲得する。個別体験では満足させるのではなく、継続してメンタルトレーニングをすることでお客様の問題が解決するという気づきを渡す。そして、本命商品を提案する。

忠実に神田の教えを守り、行動していた鈴木は、気がつけば、3カ月の継続メンタルトレーニング20万円のコースのクライアントを6名獲得していた。そしてこの月の月収も100万円を超えて、今こうして、閉店間際のスーパーで値引きされるのを待っていた状況から、広尾のカウンター席9席しかない高級鮨店にいるのだ。鈴木の人生は3カ月で変わった。

「神田さん。本当にありがとうございます！　あの日、神田さんとあのスーパーの前でばったり再会しなければ、こうはなっていませんでした。自分でも信じられないです」

そういう鈴木は、3カ月前はこの店の雰囲気にのまれていたが、この3カ月間、誰よりもやりきったという達成感が自信となり、堂々としているように見えた。

「この3カ月、見事な動きだったな。3カ月で結果を残せたのは自分ではどんなところに要因があったと思っている?」

「そうですね。もちろん、神田さんというガイドがいたのは当たり前ですが、それ以外で言うなら、まずは言われた通りに素直に、そして誰よりも行動した。あとは、何か変化があったり、疑問に思ったり、上手くいかないことがあった時は、とにかくすべて神田さんに報告をした。ここですかね?」

「そうだな。俺もこれまで500名を超える個人の起業家を育ててきたけど、短期間で結果を残す面々にはやっぱり共通性があるんだ。まずは大前提として、自分の到達したいところに連れて行ってくれるガイドがいるということ。そして、素直で、誰よりも行動する人。ここでポイントなのが、『自分なりに』ではなく、『誰が見ても』行動しているか、だ。ほとんどの人が『自分なりに』というレベルでしかやらない。そんな人が人と違った結果を残せるわけがない。まぁ、厳しいけど、これが現実だよな。でも、**『誰が見ても』誰よりも行動していたら、鈴木のように人と違った結果が出るのもまた事実だ**しな」

神田はそう言うと、グラスに口をつけて喉を潤した。

「本当に、素直に、誰よりも行動して、よかったです!」

「まっ、月収１００万円はあくまでも通過点にしか過ぎないからな。それに、これからまた、鈴木が知らないような、楽しいことも、壁もいろいろとやってくるぞ！」

「えっ、そうなんですか？　これからさらにどうしていくかも今日は相談させてくださいね！」

鈴木がそう言うと、神田はやっとこの話ができるかという表情になって、月収１００万円に到達したその先に待っているものについて話しはじめた。

こうして、いつしか鈴木の目標は、好きなことをして月収１００万円になることから、次のステージでの目標に移り変わっていったのである。

心得40

鈴木さんが閉店間際のスーパーで値引きを待っていた生活から月収100万円になるまでの

自分なりにではなく、誰が見ても、誰よりも行動しているか？

エピローグ

あなたが次の鈴木さんになるために知っておかなければならないこと

こんにちは、神田進次郎です。

あなたがこの文章を読んでくれているということは、鈴木君の人生が3カ月で変わったという軌跡を読み終えてくれたということですね。長い時間、お付き合いいただき、ありがとうございました。

この3カ月の鈴木君の軌跡はどうだったでしょうか？　この鈴木君の話、あなたは単なる本の中の話であって、現実はそんなに甘くない、そんなに上手くいくわけない、と思っていませんか？　それとも、鈴木君のように、実際3カ月程度でそんなに人生が激変するのであれば、自分だってチャレンジしてみたいと思っていますか？

もし、あなたが、自分だってこのまま会社員でいいだなんて思っていない、何かやってみたい、チャレンジしてみたいという気持ちを奥底に潜めていたり、もうすでに個人で活動しているのに思うような結果が得られていない、ましてや月収100万円だなんてとんでもない！という状況なら、ここに書いてある鈴木君の3カ月の話と、私が過去に教えた個人起業家5人の実例をWebで検索してみてください。この**鈴木君の話が、決して本を書くために創作された話ではないということを知ることでしょう。**

もし、あなたが鈴木君のこの物語を読み、さらに個人で好きなことをして生きていくこと、**好きな時に、好きな場所で、好きなシゴトをする個人**になり、最低でも収入を月に7桁以上得たいという気持ちに少しでもなったのであれば、最後にここまで読んでくれたあなたに、**私からプレゼントをお渡ししたいと思います。**

それは、本書でも紹介した、会社員から個人で起業をして成功している起業家の全員が今も読み続けている本書の話の続きともいえるメール講座です。それを、最後まで読んでくれたあなたに**無料で購読できるというプレゼント**をお渡しします。好きな時に、好きな場所で、好きなシゴトをするというライフスタイルを手に入れている個人起業家が必読している、貴重な、どこにいっても誰も教えてくれない真実の情報です。

その貴重な情報を無料で手に入れたい方は、左記のメールアドレスに「続きのメール講座を無料で購読希望」と本文に記載してメールしてください。メールをしてくれた方にだけ、続きの真実をお教えいたします。

「続きのメール講座を無料で購読希望」
⬅
Kanda@usp-times.com

最後に私から、3カ月後に鈴木君と同じようにあなたの人生を変えるために、今から何をしなければならないのかをお話ししますね。あなたが、次の鈴木君になれるように。

あなたは情報収集をどうやってしていますか？　何か知りたいことがあった時に、どのように情報を集めているでしょうか？

インターネットで検索したりするかもしれません。本を読むかもしれません。ですが、そのような情報収集では、残念ながらいつまでたっても今の状況は変わらないでしょう。

なぜなら、インターネットで調べたり本を読んだりすることは、誰もがやっている情報の集め方だからです。他の人と同じことをしていては、他の人が得ることができない結果を得ることはできません。

あなたは、「本当の情報」というものがどういうものかをご存じでしょうか？　なぜ、鈴木君が短期間で0から月収100万円になることができたのか。なぜ、世の中には好きなことをして、月収100万円以上の経済的自由を手にすることができる人がいるのか。

それは、結果を残している人は「本当の情報」の正体と在処《ありか》を知っているからなのです。

「本当の情報」とは、インターネットや本、セミナー等で知り得た情報を『実際にやってみてどうなったか？』『実際にやってみて本当に上手くいったか、いかなかったか？』『実際やってみると、ここは工夫しないと上手くいかない』といったように、知識やノウハウの「実践データ」なのです。

つまり、結果を短期間で出すことができている人は、すでに『実践済みの上手くいくとわかっている』方法、やり方で、『誰よりも行動をする』のです。だから、成功する確率が高いのです。

インターネット、SNSの普及により、今、情報は溢れかえっています。Web上に溢れている情報を、さも自分がやったかのようにまとめるだけでも、それなりに立派に見えるノウハウを創れてしまう時代です。そういった偽物の情報に惑わされるのではなく、実践済みのデータとして、**確かな『本当の情報』を手にしてください。**

この本で紹介しているノウハウやテクニックについても、すでに実践済みの方法で結果を残している人が実在しています。**そのことを証明するために実在の起業家を実名で紹介しています。**

もし、あなたが「今」の自分の人生が満足いく形になっていないのなら、それはただ単純に、普通の会社員から独立して上手くいっている人たちが知っている「本当の情報」を知らないだけです。

だからこそ、今回、この本でその真実を紹介しました。そして、さらには、自分の人生を変えたいという意識が高い読者の方には、本書の続きともいえる、誰も教えてくれない普通の会社員からでも「0」から自分にしかできないビジネスを構築し、時間と経済的な自由を得るための知識が学べる講座を無料で提供するというプレゼントも準備しました。

あなたが「本当の情報」を手に入れることができれば、閉店間際のスーパーで値引き弁当を買っていた生活から、月収１００万円の道に、大きく近づくことでしょう。

最後までこの物語にお付き合いいただいたあなたが、次の鈴木君になってくれることを応援しています。そして、どこかで会えることを楽しみにしていますね。

神田　進次郎

あとがき
――好きな時に、好きな場所で、好きなシゴトをする個人を創る

今回は『鈴木さんの成功。』を手に取っていただき、ありがとうございました。

この、「好きな時に、好きな場所で、好きなシゴトをする個人を創る」というのは、起業家のコンサルタントをしている今の私のビジネスコンセプトとして、そしてライフスタイルとして、とても大切にしている言葉です。

個人で活動する起業家の方々のコンサルティングを始めて、この3年半の間に516名の方のビジネスに関わらせていただきました。セミナー、講演等を含めると、3000人以上の起業家の方にコンサルティングさせていただき、今では「0」から月商7桁の起業家へと引き上げる「成功確率日本No.1」と評価していただくまでになりました。

しかしながら、じつは私も、ただの普通の会社員からのスタートでした。本書

に登場する神田進次郎は今の私であり、鈴木さんは会社員から起業・独立した頃の私自身がモチーフです。

ただし、会社員から起業・独立したばかりの頃の私は、鈴木さんのように3カ月で結果が出るどころか、10カ月間無収入の時期がありました。そこから様々なメンターとの出会いを経て、後に起業家のコンサルタントとしての実績を残すことになりました。

今、私は自分自身の10カ月にもわたる無収入期間で痛感した「会社員から起業した時に待ち受けていること」に何度も立ち向かい、乗り越えた経験をもとに、「最初から知っていれば苦労しなかったのに」ということを起業家の方に教えています。

成功するかしないかは、**「成功するために必要なことを知っているか、知らないか」**

ただ、これだけのことです。

でも、何を知っておけばいいのか？　ということを知らない人がほとんど。個人がビジネスを持ち、知るべきことを知ってビジネスを組み立てることができれば、誰でも「好きな時に、好きな場所で、好きなシゴトをする」というライフスタイルは実現できるのです。

私だけではなく、これまでコンサルティングをしてきた個人で活動する起業家の方々、例えば、ファッションスタイリスト、心理カウンセラー、アロマセラピスト、ネイリスト、セミナー講師、マナー講師、料理教室の先生、フラワーサロンの先生、美容サロンの経営者、プロコーチ、フリーアナウンサー、ヨガトレーナー、フォトグラファー、講演家、ファッションモデル、フリーライター、パーソナルトレーナー、等々。これらの方々も、0の状態から、好きな時に、好きな場所で、好きなシゴトをするライフスタイルを手に入れてきました。

コンサルティングをさせていただいた起業家の方々が素晴らしい結果を残してくださっていることから、コンサルティングの予約は常にキャンセル待ちの状態となっていました。それでも多くのコンサルティングの依頼をいただくため、一人でも多くの方に「**好きなことをビジネスとして自由になれる方法はある**」ということをお伝えしたく、今回、本書を書くことにしました。

本書の中でも触れていますが、日本の個人事業主の平均年収は約200万円と言われています。

しかしながら、私がコンサルティングをしている個人の起業家の71%の方々は半年以内に月収100万円を超えています。

その違いは何なのでしょうか?

それは、**会社員から起業した時に待ち受けている「真実」を知っているか、いないか。そして、その真実に立ち向かうための知識を持っているか。**

ということです。

「今、勤めている会社だって、いつどうなるかわからない」

そんな不安を誰しもが抱く世の中になりました。でも、起業するのは、不安。

そんな、気持ちを少しでも払拭するのと同時に、すでに会社員から個人で起業をして、好きなことをして豊かになっている人の存在を知ることで、本書が読者の方々の人生を変えるキッカケとなれば嬉しく思います。

最後になりましたが、今回、私の処女作となる本書を出版するにあたり、ご協力、ご尽力いただきました皆様にお礼申し上げます。

何度も打ち合わせに応じていただいたマネジメント社の安田喜根社長。出版のキッカケを創っていただいたベストセラー作家泉忠司さん。限られた時間で迅速なデザイン提案をしてくれた、めとめデザイナー南部美乃さん。そして、これまで関わってくれた門下生の皆さん。本当にありがとうございます。

星　渉

Profile

星　渉　WATARU HOSHI

株式会社 Rising Star 代表取締役
起業塾「The Class -S-」主宰

宮城県仙台市生まれ。

2011 年 3 月、岩手県で東日本大震災に遭い、いつ死ぬかわからない経験をする。被災したことで「自分の人生の時間は、自分が好きなこと以外にはもう費やさない！」と決め、株式会社損害保険ジャパン（現：損害保険ジャパン日本興亜株式会社）を退職。

退職後、10 カ月間無収入となり、様々なセミナーを彷徨ったが、メンターや先導者との出会いを経て、3 年前から起業家のプロデュースを始める。

自らの成功体験の過程を毎日自分自身にメールで送り、行動記録を残すという手法により、再現性の高い個人起業家のビジネスコンサルティング方法を創出。さらに、そこに心理学、コーチング、NLP のトレーナーとしての知識と経験を加え、起業家としての「心の鍛錬」と「ビジネス戦略」の掛け合わせで、個人で活動する起業家を次々と0から月商 7 桁以上（※越えると 1,000 万円単位になる）へと導く。

これまでわずか 3 年の間に 3,500 人を超える起業家がセミナーに参加。

特に難しいとされる、個人で活動する女性起業家の 0 から月商 7 桁以上に育てる成功確率は日本 No.1 である。


ビジネスコンセプトは、「好きな時に、好きな場所で、好きなシゴトをする個人を創る」。

そんな個人で活動する起業家のライフスタイルを公式ホームページで公開中。

公式ホームページ　http://usp-times.com

鈴木さんの成功。──会社員から起業した時に待ち受ける「真実」の話をしよう。

2016年　1月26日　初版　第1刷　発行
2017年12月19日　　　　第4刷　発行

著　者　星　　渉
発行者　安田 喜根
発行所　株式会社 マネジメント社
東京都千代田区神田小川町2-3-13M&Cビル3F（〒101-0052）
TEL 03-5280-2530（代表）　FAX 03-5280-2533
http://www.mgt-pb.co.jp
印刷　㈱シナノ パブリッシング プレス

ISBN978-4-8378-0475-8 C0033
定価はカバーに表示してあります。
落丁本・乱丁本の場合はお取り替えいたします。